*Éste libro está dedicado
a la memoria de mi hermana,
Su Alteza Real Leola Iyalu Oredola Opeodu,
y a mi madrastra y mejor amiga,
Lynnette May Brown Harris*

Iyanla Vanzant

Cada día una oración

Plegarias para despertar la gracia de la comunión interior

EDICIONES OBELISCO

Si este libro le ha interesado y desea que le mantengamos
informado sobre nuestras publicaciones, escríbanos
indicándonos qué temas son de su interés (Astrología,
Autoayuda, Ciencias Ocultas, Artes Marciales, Libros Infantiles,
Naturismo, Espiritualidad, Tradición) y gustosamente le complaceremos.

Puede consultar nuestro catálogo en http://www.edicionesobelisco.com

Colección Espiritualidad, Metafísica y Vida interior
CADA DÍA UNA ORACIÓN
Iyanla Vanzant

Título original: *Every Day I Pray*

1.ª edición: noviembre 2012

Fotocomposición: *Text Gràfic*
Traducción: *Verónica d'Ornellas*
Corrección: *Mª Jesús Rodríguez*
Diseño de cubierta: *Enrique Iborra*

Fotografías: Christina Lessa

© 2012, Inner Visions Worldwide Network, Inc.
(Reservados todos los derechos)

© 2012, Ediciones Obelisco, S. L.
(Reservados todos los derechos para la presente edición)

Edita: Ediciones Obelisco, S. L.
Pere IV, 78 (edif. Pedro IV) 3.ª planta, 5.ª puerta
08005 Barcelona - España
Tel. 93 309 85 25 - Fax 93 309 85 23
E-mail: info@edicionesobelisco.com

Paracas 59 C1275AFA Buenos Aires - Argentina
Tel. (541 - 14) 305 06 33 - Fax: (541 - 14) 304 78 20

ISBN: 978-84-9777-908-1
Depósito legal: B-24.461-2012

Printed in Spain

Impreso en España en los talleres gráficos de Romanyà/Valls, S. A.
Verdaguer, 1 - 08076 Capellades (Barcelona)

Agradecimientos

❧❧❧

Me gustaría dar las gracias a mis compañeros de oración y simpatizantes, quienes me han recordado continuamente que debo rezar y han pasado muchas horas de oración conmigo o por mí:

Rev. Shaheerah Stephens, Rev. Raina Bundy, Rev. Barbara King, Rev. Helen Carey, Rev. Johnnie Coleman, Rev. Michael Beckwith, Rev. Linda Hollies, Rev. Roger Teel, Rev. Mary Mann Morrisey, Rev. Jeremiah Wright, Sara Porter, Vivian Berryhill, Rev. Chester Berryhill, Wilhelmina Myrie, Elvia Myrie, Ken y Rene Kizer, Norman L. Frye, Bernadette Griggs; mis hermanas sagradas Hilda Boulware, Cheryl McDowell, Jennifer Sackett y Libby Dubin; Stanley y Chemin Bernard, Dres. Ron y Mary Hulnick, Dres. Gay y Kathlyn Hendricks, Dr. Na'im Akbar, Suzie Ormond, la facultad y el personal de Inner Visions Worldwide, la clase de 2001 de la Universidad de Santa Monica, y tantos nombres que no recuerdo.

Al dar vida a este libro, me gustaría expresar mi más profunda gratitud a mi editora, Trish Todd, cuya paciencia y apoyo son verdaderamente una respuesta a mis plegarias; a mi fotógrafa, Christina Lessa y a su asistente, Dan Petrucelli;

a Zully Zurheide; a mis hijos, Damon, Alex, Gemmia y Nisa, quienes me dan continuamente cosas por las que rezar; a mis nietos Ashole, Oluwa, Niamoja, Adesola y David, quienes convirtieron mis oraciones en canciones de Acción de Gracias; a mi marido, Adeyemi Bandele, y a mi queridísima amiga Marjorie Battle, cuya presencia en mi vida es una prueba de que todas las cosas mejoran con la oración.

Introducción

❧❧❧

Me crié en la Iglesia de la Santidad, donde *la oración era un acontecimiento*. Los domingos por la mañana, hasta donde puedo recordar, yo veía a un ministro u otro dirigir la oración. Siempre comenzaba lentamente, de pie, muy erguido, con los ojos cerrados y la cabeza inclinada. Gradualmente, el tempo iba cambiando. El pastor se quitaba las gafas y buscaba un pañuelo en su bolsillo. Aproximadamente en ese momento, el organista empezaba a tocar unos acordes profundos para acentuar ciertas palabras. Esto hacía que el coro humano canturreara, tocara las palmas, golpeara el suelo con los pies y, a veces, gimiera. El pastor comenzaba a transpirar a medida que la cadencia de su discurso iba cambiando. Medio cantaba, medio hablaba. El organista seguía el ritmo con más acordes, ahora acompañados de tambores y, ocasionalmente, una pandereta. Al poco rato, la mayoría de la gente en la iglesia se ponía de pie, respondiendo al pastor, ayudándole con los «*Amenes*» y los «*Gloria al Padre*», llevada a un tono febril por los «*Gracias*» y «*Aleluyas*» que se exclamaban desde cada rincón del santuario.

Para una niña, la plegaria en la Iglesia de la Santidad era un acontecimiento asombroso, en ocasiones aterrador. La energía que se iba acelerando desde el santuario, ciertamente, me asombraba y dejaba una impresión duradera en mí. Aunque apenas conseguía comprender lo que el pastor estaba diciendo entre el sonido del órgano y de la orquesta humana, sabía que algo poderoso estaba teniendo lugar. A veces, yo batía las palmas porque todos batían las palmas. En otras ocasiones batía las palmas porque temía no hacerlo. Tenía miedo de que, si no batía las palmas, si me limitaba a escuchar, Dios iba a pensar que yo no lo quería. Dios iba a pensar que yo no sabía rezarle. Muchos años después de haber dejado la iglesia, esa conclusión seguía estando en mi mente. Sin duda, me sabía todas las oraciones de mi infancia, las cuales pronunciaba de rodillas junto a mi cama. Muchos años de asistencia a la escuela dominical habían grabado ciertos salmos y oraciones en las fibras de mi cerebro. Pero, sin embargo, en algún lugar en lo más profundo de mi interior, albergaba la creencia secreta de que yo no sabía rezar, y eso me asustaba.

No estoy muy segura de dónde había oído eso, o por qué lo creía, pero cuando tenía veintitantos años, unas palabras cambiaron mi forma de ver y de experimentar la oración. Éstas fueron las palabras: «Cada pensamiento que piensas es una oración. Cada palabra que pronuncias es una oración. Cada acto que realizas es una oración, porque el Espíritu de Dios vive en ti». ¿No es algo asombroso? No necesitaba tambores. No necesitaba batir las palmas. No necesitaba una multitud de personas que me ayudaran a elevar el volumen de mis plegarias para que Dios las oyera. Si las palabras de esa afirmación eran ciertas, y creo que lo eran, eso significa que en cada momento del día me estoy comunicando con el Creador del universo. Aunque ésta no es la oración de la Iglesia de la Santidad, la oración sigue pareciéndome asombrosa y aterradora. Es asombrosa porque significa que Dios me conoce desde dentro, y es aterradora porque algunos de mis pensamientos, mis palabras y mis actos no son cosas que me gustaría colocar sobre el regazo de Dios para que les dé el visto bueno. Me doy cuenta de que si verdaderamente Dios pusiera el poder de su presencia en algunas de las cosas que han estado en mi mente, sería un peligro para mí misma. Doy gracias a Dios por la sabiduría divina y doy gracias a Dios por la gracia.

Una vez que lo entendí, me di cuenta de que la esencia, la energía, el poder y la presencia de Dios están en realidad alojados en el centro de mi ser. También comprendí que Dios realmente escucha cada uno de mis pensamientos y mis palabras. Su respuesta aparece en la forma de mis experiencias, mis sentimientos y las numerosas inspiraciones divinas que han marcado el rumbo de mi vida. Creo que la oración es una comunicación interna con lo divino. Eso significa que cuando estoy participando conscientemente en la comunión, pueden ocurrir, ocurrirán y ocurren cosas asombrosas. De hecho, ocurren todo el tiempo. Sin embargo, mi primer desafío fue aprender a mantenerme conscientemente implicada en lo que estaba pensando y diciendo, para poder participar activamente en el proceso de comunicarme con mi Creador. Esta implicación también me ayudaría a reconocer la respuesta a una oración cuando ésta apareciera.

Las Escrituras nos dicen que debemos «rezar sin cesar», honrar a Dios de todas las maneras para que él/ella pueda dirigir nuestro camino. En esencia, he aprendido que debo hablar con Dios, comunicarme con Dios, mantenerme consciente de la presencia de Dios dentro de mí en todo momento. A través de esta comprensión y este deseo he llegado a amar la oración. A veces digo, en broma, que rezo acerca de todas las cosas, incluyendo qué ponerme y qué comer. En cierto modo, la broma es muy cierta. Mis pensamientos están constantemente centrados en lo que creo que honrará la presencia de lo divino dentro de mí. En ocasiones tengo largas conversaciones con

Dios. A veces le hago preguntas. Reconozco que también hay ocasiones en las que expreso mis frustraciones, mis temores y ansiedades de formas no muy honorables. No importa sobre qué rezo o cómo rezo sobre eso, el resultado que siempre obtengo es el consuelo. Encuentro paz a través de la oración. Lo más importante es que creo que fortalezco mi conexión con la presencia todopoderosa.

A lo largo de los años, he recibido cientos de cartas de personas que creen, como solía creer yo, que no saben rezar. Están buscando una fórmula. Tienen miedo de no rezar y tienen más miedo aún de no rezar correctamente. Recuerda que: cada pensamiento, cada palabra, cada acto es una plegaria. Si podemos permanecer conscientes de esto, concentrando nuestra atención en honrar la presencia de Dios en todas las cosas y en todas las personas, rezar será algo tan natural como respirar. Si podemos abandonarnos, renunciar a la necesidad de hacerlo bien, concentrándonos solamente en hacerlo seriamente, sinceramente y con fe, nuestros pensamientos y nuestras palabras estarán llenas de la esencia radiante de Dios. Cuando resbalamos, cuando olvidamos ser honestos o fieles, entonces llega la gracia. Ella traduce las palabras para encontrar el significado más profundo. Junto con sus hermanas, la fe y la esperanza, la gracia da forma a nuestros pensamientos y nuestras palabras, para que obtengamos exactamente lo que necesitamos: una respuesta a nuestra plegaria que nos ayudará a crecer por dentro.

Éste libro es una colección de oraciones que he escrito a lo largo de los años. He descubierto que escribir una plegaria ayuda a anclarla en mi mente. En consecuencia, tengo un Diario de Oraciones. Algunas de las oraciones se basan en las Escrituras, o están inspiradas en ellas, mientras que otras son simplemente mis pensamientos, mis conversaciones íntimas con Dios. Las plegarias que ofrezco en este libro cubren una variedad de temas y necesidades. Es mi deseo que, cuando las leas, ellas enciendan una luz en tu corazón. Quizás en la presencia de la luz te sientas inspirado a escribir una o dos oraciones tuyas. O quizás, al leerlas en voz alta, con tu familia o tus amigos, tú también llegues a conocer y a experimentar la paz de la gracia de Dios. Creo que las palabras tienen el poder de dar forma a las experiencias y las circunstancias. Tanto si eres nuevo en la premisa y la práctica de la oración, como si ya eres un «guerrero de la oración», te pido que te unas a mí para hacer que los pensamientos, las palabras y los actos de nuestras vidas cotidianas sean más reverentes, honorables y amorosos. De este modo, creo que anclaremos la presencia de la paz, la alegría, el equilibrio, la armonía y Dios en el planeta. Con esa visión e intención me mantengo motivada y equilibrada, y llena de oraciones.

¡Mis bendiciones!

Iyanla

Cada día una oración

Para crear una vida de oración

Querido Dios:

Te doy las gracias por el privilegio de la oración.

Sé que la oración es mi línea directa de comunicación contigo.

Reconozco que puedo hacer más mediante la oración de lo que puedo hacer con mi poder limitado.

Estoy muy agradecida porque en mi hora más oscura, o en mi momento de mayor debilidad, puedo acudir a ti en la oración.

Estoy muy agradecida porque cuando la desesperanza de la desesperación amenaza con invadirme, puedo acudir a ti en la oración.

Te doy las gracias por el privilegio de la oración.

Estoy muy agradecida porque cuando mis capacidades y mis conocimientos son inadecuados para enfrentar los desafíos de mi vida, puedo acudir a ti en la oración.

Estoy muy agradecida porque cuando me siento débil e impotente, puedo acudir a ti en la oración.

Estoy muy agradecida porque cuando mi familia y mis amigos me dan la espalda en momentos de necesidad, o cuando no están ahí para animarme y apoyarme, puedo acudir a ti en la oración.

Te doy las gracias por el privilegio de la oración.

Estoy muy agradecida porque cuando yo «no puedo», tú puedes y lo haces cuando acudo a ti en la oración.

Estoy muy agradecida porque cuando yo no sé, tú sabes, y me llenas de comprensión y dirección cuando acudo a ti en la oración.

Estoy muy agradecida porque cuando no sé qué decir o qué hacer, tú me proporcionas orientación divina y el poder de decir la verdad sin vacilar, si simplemente acudo a ti en la oración.

Estoy muy agradecida porque tú eres mi mediador en la contienda y me proteges de mis adversarios interiores y exteriores cuando acudo a ti en la oración.

Estoy muy agradecida porque eres mi partidario, mi animador, mi mayor defensor.

Tú me inspiras, me motivas y me ayudas a dar los pasos más adecuados cuando acudo a ti en la oración.

Te doy las gracias por el privilegio de la oración.

Estoy muy agradecida porque no importa cuál sea la situación, no importa cómo me esté sintiendo o lo que esté haciendo, puedo acudir a ti en cualquier momento, en cualquier circunstancia, en la oración.

Te doy las gracias por el privilegio de la oración, por tu rápida respuesta a cada plegaria que ofrezco.

Gracias, Dios, por escuchar mi oración.

Gracias por recibir mi oración.

Gracias, Dios, por el asombroso poder y privilegio de la oración.

Por todo lo que he recibido y lo que todavía está por llegar, te ofrezco humildemente mi oración de agradecimiento.

¡Y así es!

(Después de recitar esta oración, pasa entre cinco y diez minutos en silencio).

Oración matinal

Querido Dios:

Éste es el día que tú has creado, y estoy muy agradecida de ser parte de él.

Éste es un día distinto a cualquier otro día, y estoy muy agradecida por esta oportunidad de volver a empezar. Éste es el día en que me pondré enteramente bajo tu cuidado.

Éste es el día que utilizaré para servirte con fe y alegría.

Éste es el día en el que se cancelan todas mis deudas espirituales y kármicas, y estoy muy agradecida porque soy libre.

En este día, ¡ahora declaro que estoy libre de temor! ¡Libre de dudas! ¡Libre de enfado! ¡Libre de vergüenza! ¡Libre de culpa! ¡Libre de pensamientos y actos improductivos!

En este glorioso día que me has permitido ver, estoy divinamente decidida y respetuosamente dedicada a vivir la vida que tú creaste para mí.

Una vida de paz, alegría, realización, abundancia y actividad creativa.

¡Éste es el día, Dios!

¡Tu día! ¡Mi día!

Y por este día estoy muy, muy agradecida.

¡Y así es!

¡Éste es el día, Dios!
¡Tu día! ¡Mi día!

Que haya luz

Querido Dios:

¡Que haya luz!

¡Tú, Señor, eres mi luz!

¡Que haya alegría!

¡Tú, Señor, eres mi alegría!

¡Que haya paz!

¡Tú, Señor, eres mi paz!

Que haya abundancia de cosas buenas, de relaciones correctas y de experiencias positivas en mi vida.

¡Tú, Señor, eres mi fuente de todas las cosas buenas que necesito o deseo!

Que mi mente se llene de la sabiduría de tu presencia.

Tú, Señor, eres la inteligencia infinita del universo. Tú eres mi sabiduría.

Tú eres la presencia que me guía hacia el pensamiento correcto, la acción correcta y la respuesta correcta en todas las experiencias.

Que mi corazón se llene de amor, respeto y honor por mí y por todas las personas.

¡Tú, Señor, eres la presencia del amor, re-creándote y duplicándote en el centro de mi ser!

Que mi cuerpo se llene de la salud radiante y el bienestar que llegan con tu presencia.

Que mi vida se llene de la bondad, la paz, la dicha y la luz de tu divino resplandor.

¡Eso es bueno! ¡Eso es Dios!

¡Gracias, Dios!

¡Gracias, Dios!

¡Gracias, Dios, porque antes de que yo pida, tú ya has respondido!

Por mi conciencia de esto como la realidad de mi ser y en mi vida, estoy muy agradecida.

¡Que así sea!

¡Y así es!

Oración de reconocimiento

Querido Dios:

¡Reconozco que tú, Dios, eres asombroso!

¡Reconozco que tú, Dios, eres magnífico!

¡Reconozco que tú, Dios, eres increíble!

Reconozco que tú, Dios, siempre estás listo, en todas partes, para proveer y proteger.

Reconozco que tú, Dios, eres una presencia poderosa en toda situación.

Reconozco que tú, Dios, eres un negociador experto.

Reconozco que tú, Dios, eres un mediador pacífico.

Reconozco que tú, Dios, eres un gran estratega.

Reconozco que tú, Dios, proporcionas el camino que conduce a todas las cosas buenas y el camino de salida de todas las cosas dañinas.

¡Reconozco tu amor!

¡Reconozco tu sabiduría!

¡Reconozco tu compasión!

¡Reconozco tu misericordia!

Reconozco que tú, Dios, eres la solución al problema.

Reconozco que tú, Dios, eres la respuesta a la pregunta.

Reconozco que tú, Dios, eres la calma en medio de la agitación.

Mi querido Dios, reconozco el poder de tu presencia en mi corazón.

Reconozco el poder de tu presencia en mi mente.

Reconozco el poder de tu presencia en mi vida.

Ahora, me encuentro valientemente, osadamente, serenamente y poderosamente llena de la magnífica, asombrosa e increíble fuerza de Dios.

Sé que todo está bien con mi alma y en mi vida. Por ello me siento muy agradecida.

¡Que así sea!

¡Y así es!

Oración de alineación con Dios

No hay nada que sanar, sólo Dios se debe revelar.
Ahora pido que la paz de Dios se revele en mi mente.
No hay nada que sanar, sólo Dios se debe revelar.
Ahora pido que el amor de Dios se revele en mi corazón.
No hay nada que sanar, sólo Dios se debe revelar.
Ahora pido que la perfección de Dios se revele en la forma de mi salud.
No hay nada que sanar, sólo Dios se debe revelar.
Ahora pido que la abundancia de Dios se revele en la forma de mi riqueza.
No hay nada que sanar, sólo Dios se debe revelar.
Ahora pido que la presencia de Dios se revele en la forma de mi alegría.
No hay nada que sanar, sólo Dios se debe revelar.
Ahora pido que el poder de Dios se revele en la forma de protección para mi familia y para mí.
No hay nada que sanar, sólo Dios se debe revelar.
Gracias, Dios, por revelarte en la forma de paz en mi vida.
Gracias, Dios, por revelarte en forma de amor en mi vida.
Gracias, Dios, por revelarte como la alegría de mi vida.
Gracias, Dios, por revelarte en el centro de mi vida.
Gracias, Dios, por defenderme, protegerme, guiarme, ocuparte de todo lo que me preocupa y permitirme hacer todo lo que se me pide que haga.
Gracias, Dios, por sanar mis relaciones y mi cuerpo.

Gracias, Dios, por cubrir todas mis necesidades.

Y sobre todo, Dios, te doy las gracias por quererme tal como soy, por saber qué es lo que necesito y por ser la satisfacción de mis necesidades, incluso antes de que yo lo pida.

Hoy, reconozco, acepto y creo que no hay nada que deba ser reparado, cambiado o sanado, porque Dios, mi Dios, siempre se revelará.

Por esto, estoy muy agradecida.

¡Y así es!

Practicar la presencia de Dios

Estoy inmersa en la sagrada presencia de Dios.

Desde las profundidades de mi alma, mis oraciones se elevan con las alas de la fe y fluyen hacia el universo.

Qué alegría saber que cuando rezo, soy escuchada.

Y cuando mis plegarias son escuchadas, son respondidas.

En las épocas estresantes, recordaré que hay una calma absoluta en medio de la tormenta.

Esa calma es la sagrada presencia de Dios.

Es ahí donde quiero estar.

Ahora, dejo que mis pensamientos vayan hacia Dios, sabiendo que Dios lo oye todo, lo sabe todo y lo da todo.

Por esto, estoy muy agradecida.

¡Y así es!

Estoy inmersa en la sagrada presencia de Dios.

Da la bienvenida al Espíritu Santo a tu vida

Espíritu Santo, eres bienvenido en mi mente.
Espíritu Santo, eres bienvenido en mi mente.
Espíritu Santo, eres bienvenido en mi mente.
Transforma mi mente, Espíritu Santo.
Haz que todos mis pensamientos estén alineados con el plan perfecto de Dios para mi vida.

Espíritu Santo, eres bienvenido en mi corazón.
Espíritu Santo, eres bienvenido en mi corazón.
Espíritu Santo, eres bienvenido en mi corazón.
Transforma mi corazón, Espíritu Santo.
Borra todo sentimiento, recuerdo y experiencia que no sea un reflejo del amor de Dios por mí.

Espíritu Santo, eres bienvenido en mi vida.
Espíritu Santo, eres bienvenido en mi vida.
Espíritu Santo, eres bienvenido en mi vida.
Transforma todas las condiciones, las situaciones y las circunstancias de mi vida. Haz que mi vida sea un reflejo vivo de la bondad y la gloria de Dios.

Espíritu Santo, transfórmame, transfórmame, transfórmame.
Transforma cada parte de mí que no esté en armonía con el amor de Dios, la bondad de Dios, el propósito de Dios,

el plan perfecto de Dios para que yo viva una vida de dicha, paz, integridad, tranquilidad, armonía y abundancia.

Espíritu Santo, eres bienvenido en mi mente.
Espíritu Santo, eres bienvenido en mi corazón.
Espíritu Santo, eres bienvenido en mi vida.
Ayúdame a ser todo lo que Dios me creó para ser.
Por tu presencia, estoy muy agradecida.
¡Que así sea!
¡Y así es!

Oración para pedir orientación

Querido Dios:

Por favor, depura mis prioridades hoy. Retira de mi vida todas las cosas y todas las personas que podrían hacer que mi concentración deje de estar en ti. Retira de mi mente todo pensamiento, toda creencia, toda intención, toda motivación que no haga que tú seas mi prioridad en la vida. Retira de mi corazón toda experiencia, todo recuerdo, todo deseo que no sirva a tu objetivo para mi vida. Recuérdame que tu plan, tu amor por mí es mi salvación. Todo lo demás es una invención de mi imaginación y una función del miedo. Hoy, querido Dios, reconozco que ni siquiera sé por qué rezar, de modo que dejaré la bendición en tus manos.

¡Y así es!

¡Yo soy!

Yo Soy renovada, autorizada y limpiada por la autoridad del Espíritu Santo dentro de mí.

Mis pasos son ordenados, guiados y bendecidos.

Yo Soy un recipiente digno.

Yo Soy un recipiente entregado.

He sido formado y moldeado por el amor de Dios.

Yo Estoy disponible para que el amor de Dios sea realizado a través de mí.

Yo Estoy equipado con las habilidades, los conocimientos y la capacidad de llevar a cabo las misiones de la vida que Dios me ha dado con amor.

Ahora, avanzo en paz, con alegría y afectuosamente.

He recibido una abundancia de cosas buenas en todos mis asuntos y en todos los aspectos de mi mundo.

Ahora, avanzo con la seguridad dichosa de que nunca volveré a olvidar que el que me ha ungido ha sido el Espíritu del Padre/Madre de la vida.

Por ello, estoy muy agradecido.

¡Y así es!

Oración para tener claridad

Querido Dios Padre, Dios Madre, Bendito Espíritu Santo:
Enséñame a controlar mis pensamientos y deseos para asegurarme de que estén llenos de amor, armonía y paz para mí y para todas las personas en mi vida, en todas las situaciones y en todas las circunstancias.

Recuérdame que mi mente puede tomar decisiones y hacer elecciones amorosas y pacíficas, porque tú eres parte de mi mente.

Estoy dispuesta y preparada para entrar en una nueva vida, una vida libre de temores, una vida llena de alegría, una vida pacífica.

Sé que en cuanto libere a mi mente de los pensamientos oscuros, llenos de dudas y de miedo, viviré la vida que deseo.

Creo que una vez que mi deseo esté centrado en tu amor, tu paz y tu voluntad, la realidad que viviré será la vida que he soñado.

Enséñame, querido Dios, a cambiar mis patrones de pensamientos y a utilizar mi mente de una forma ordenada.

Ahora acepto la verdad de que cuando utilizo mi mente correctamente, ¡estoy renovada! ¡Estoy vigorizada! Estoy llena de la confianza de alguien que sabe, siente y vive a través de la abundancia del amor de Dios, la gracia de Dios y el abundante bien de Dios.

¡Que así sea!
¡Y así es!

Una nueva vida,
una vida sin miedo.

Estoy dispuesta a cambiar

¡*Yo Estoy* dispuesta a cambiar!

¡*Yo Estoy* dispuesta a cambiar mi mente!

¡*Yo Estoy* dispuesta a cambiar mi corazón!

¡*Yo Estoy* dispuesta a cambiar la percepción de mí misma y del mundo que me rodea!

¡*Yo Estoy* dispuesta a cambiar lo que hago y cómo lo hago!

¡*Yo Estoy* dispuesta a conocer el cambio, a ser cambiada y a ver el cambio milagroso que el cambio produce!

Sé que yo, por mí misma, no puedo hacer nada.

Por lo tanto, *Yo Estoy* dispuesta a permitir que el Espíritu Santo me sane y me cambie en el nivel del alma, para que yo pueda ser todo aquello que Dios me creó para ser.

Yo Estoy dispuesta a ser transformada, a que mi verdadera mente me sea restituida, a que mi corazón sea renovado, de acuerdo con el plan perfecto de Dios.

¡Y así es!

❧❧❧
Oración de transformación

Ahora, llamo conscientemente y de buena gana al Espíritu Santo y a la conciencia de la *Mente Superior Yo Soy* para que entre en cada átomo, cada molécula, cada célula, cada tejido, cada órgano, cada músculo, cada sistema vivo en mi ser, pidiendo que transforme cada energía, cada patrón, cada creencia, cada programación, cada idea, cada actitud, cada percepción, cada expectativa, cada intención y cada motivación, cada comportamiento, llevando todo ello a la alineación con la perfecta voluntad de Dios.

Ahora, conscientemente y de buena gana, llamo al Espíritu Santo y a la conciencia de la *Mente Superior Yo Soy* para que entre en cada átomo, cada molécula, cada célula, cada tejido, cada órgano, cada músculo, cada sistema vivo en mi ser, pidiendo que transforme cada energía, cada patrón, cada creencia, cada programación, cada idea, cada actitud, cada percepción, cada expectativa, cada intención y cada motivación, cada comportamiento, llevando todo ello a la alineación con la perfecta paz de Dios.

Ahora, conscientemente y de buena gana, llamo al Espíritu Santo y a la conciencia de la *Mente Superior Yo Soy* para que entre en cada átomo, cada molécula, cada célula, cada tejido, cada órgano, cada músculo, cada sistema vivo en mi ser, pidiendo que transforme cada energía, cada patrón, cada creencia, cada programación, cada idea, cada actitud, cada percepción, cada expectativa, cada intención y cada motivación, cada comportamiento, llevando todo ello a la alineación con el perfecto amor de Dios.

Por esto estoy muy agradecida.

¡Y así es!

Oración para la fortaleza interior

Bendito Espíritu Santo:

Me alegré cuando me dijiste: *«¡Entremos en la casa del Señor!».*

Cuando mi corazón estaba lleno de tristeza, entré en la casa del Señor.

Cuando mi mente estaba abrumada por la confusión, entré en la casa del Señor.

Cuando mi cuerpo estaba atormentado por el dolor, entré en la casa del Señor.

Cuando mi billetera y mi cuenta bancaria estaban vacías, entré en la casa del Señor.

Cuando las personas más cercanas a mí me traicionaron y me despreciaron, entré en la casa del Señor.

Cuando mis mayores esfuerzos no fueron reconocidos o recompensados, entré en la casa del Señor.

Cuando me sentí perdida e incapaz de encontrar mi camino, entré en la casa del Señor.

Gracias, Dios, porque hay un lugar así dentro de mí y para mí.

En tu casa hay serenidad.

En tu casa hay seguridad.

En tu casa hay integridad.

En tu casa hay dirección clara.

En tu casa hay sanación.

En tu casa hay amor incondicional.

En tu casa hay inspiración.

En tu casa hay alivio y liberación.

En tu casa hay compasión.

En tu casa hay alegría.

En tu casa hay perdón.

En tu casa hay fortaleza.

En tu casa hay poder.

Me alegré cuando me dijiste: *«¡Vamos a la casa del Señor!»*.

Gracias, Dios, por la invitación permanente a entrar en tu casa, porque en tu casa mi alma y mi mente encuentran descanso.

Por ello estoy muy agradecida.

¡Y así es!

Por favor, deshaz los «No»

Querido Dios:

Por favor, deshaz los «no» que están invadiendo mi mente, mi corazón y mi vida.

Por favor, elimina los «no», los *no puedo* y los *no* que invaden mi mente.

Por favor, borra los *no* lo haré, los quizás *no*, los puede que *no* que invaden mi corazón.

Por favor, libérame de los *no* pude, los *no* lo haría y los *no* debería que invaden mi vida.

Sobre todo, querido Dios, te pido que elimines de mi mente, mi corazón y mi vida todos los *no* que he permitido que me pusieran freno.

Por favor, borra de mi mente el pensamiento de que *no* valgo lo suficiente.

Por favor, elimina de mi corazón que *no* soy amada lo suficiente.

Por favor, desliga de mi vida todo aquello a lo que me aferro que respalda la creencia de que *no* valgo lo suficiente.

Hoy, querido Dios, acudo a ti humilde y reverentemente pidiéndote que deshagas, elimines y borres todos los «no» que han invadido todos los aspectos de mi vida.

Por tu compasión y tu gracia, estoy muy agradecida.

Que estas palabras absorban la presencia del Espíritu Santo para que se conviertan en condiciones de vida para mí.

¡Y así es!

Oración para la corrección divina

Querido Dios:

Lo que necesito de ti hoy es misericordia.

¡Te pido humildemente que tengas piedad de mí!

Ten piedad de mí, no sólo por todas las cosas descorteses, carentes de amor, que he hecho, sino también por todas las cosas descorteses, carentes de amor, que he pensado hacer.

Ten piedad de mí por todas las cosas malvadas y ofensivas que he dicho acerca mí y de otras personas.

Ten piedad de mí por ser intolerante e impaciente conmigo y con otras personas.

Ten piedad de mí por ser crítica y sentenciosa conmigo misma y con los demás.

Ten piedad de mí por permitir que el miedo me haga actuar impulsivamente, causando dolor, a mí misma y a los demás.

Ten piedad de mí por estar motivada por la codicia, por tomar más de lo que necesito y luego gastarlo.

Ten piedad de mí por no decir la verdad, a mí misma y a los demás, acerca de lo que siento y luego enfadarme cuando se me pide que haga cosas que no deseo hacer, que no estoy preparada para hacer o que estoy demasiado cansada para hacer.

Ten piedad de mí por no pedir lo que necesito y luego enfadarme cuando no lo obtengo.

Ten piedad de mí por ser desagradecida por todo lo que he recibido.

Lo que hoy necesito de ti
es misericordia.

Ten piedad de mí cuando me comparo con otras personas y me enfado con ellas porque han hecho lo que yo no he hecho, por recibir lo que yo no he pedido.

Ten piedad de mí por descargar mi enfado y mis frustraciones en las personas a las que más quiero y luego culparme por haberlo hecho.

Ten piedad de mí por tener miedo de hacer algo incorrecto y luego culpar a otras personas por lo que yo he hecho.

Ten piedad de mí cuando me pongo a discutir.

Ten piedad de mí cuando me lamento y me quejo a otras personas de mí, o a mí misma de otras personas.

Hoy, Dios, ¡necesito tu misericordia!

¡Reconozco que por mí misma no puedo hacer nada! Solamente a través del poder de tu misericordia y tu gracia cambiarán mis pensamientos, mis palabras y mis actos.

Estoy muy agradecida por el cambio que está teniendo lugar dentro de mí en este instante.

¡Y así es!

La promesa de Dios

Querido Dios:

Tú eres mi luz y mi salvación. Por favor, ayúdame a entender por qué tengo miedo de ser todo lo que tú me has creado para ser.

Es un gran placer para ti darme todas las cosas buenas de la vida, pero yo todavía soy incapaz de recibir, de aceptar, de dar la bienvenida a tu dicha, tu paz y tu abundancia como hechos cotidianos en mi vida.

Me prometiste, Dios, que cuando mi padre, mi madre, mis amigos, mi pareja o mis hijos me dieran la espalda, tú estarías ahí para guiarme, protegerme y quererme tal como soy. Por favor, ayúdame a entender qué es eso que temo que me impide confiar en ti completamente para todas las cosas.

Me prometiste, Dios, que no permitirías que el enemigo tenga control sobre mí, que me ocultarías en la sombra de tu poder y me llevarías a una roca, a un lugar seguro.

Me prometiste, Dios, que abrirías puertas para mí que nadie podría cerrar, y que cerrarías puertas que nadie podría abrir. Me prometiste que prepararías una mesa para mí, incluso cuando otros dijeran que eso era imposible.

Hoy, estoy deseosa de entender por qué no he confiado en tus promesas.

Hoy, estoy deseosa de estar bajo la sombra de tu presencia todopoderosa, de entender qué es lo que hago, lo que temo, lo que me impide vivir la vida que tú has preparado para mí.

Por favor, hazme llegar las respuestas y revelaciones amorosa y suavemente, para que yo pueda residir en la casa de tu dicha, tu paz, tu piedad, tu gracia y tu amor, y darme cuenta de la libertad que tú me has dado. Por esto y por todo lo que has hecho, estoy muy agradecida.

¡Que así sea!

¡Y así es!

El amor perfecto

Hoy te amo, Dios.

Te amo por todo lo que eres en mí, todo lo que eres a través de mí y todo lo que haces siendo yo.

Amo darme cuenta de que tu gracia es mi fortaleza.

Amo la comprensión de que tu verdad es mi poder.

Amo el conocimiento de que tu sabiduría es mi guía.

Amo la verdad de que tú eres mi fuente y mi provisión.

Amo la paz que trae tu presencia.

Amo el perdón que trae tu misericordia.

Amo las respuestas que trae tu verdad.

Amo la dicha que trae tu amor.

Cuando soy consciente de todo lo que tú eres como la esencia de mí y lo acepto, hoy me doy cuenta de que te amo, Dios, y te doy las gracias por amarme.

¡Y así es!

Una bendición para el cuerpo
(general o en momentos de dolor físico)

Querido Dios:

¡Bendice mi cuerpo hoy!

Baña cada parte de mí con la fuerza de tu amor.

Llena cada músculo, cada tejido, cada célula, cada órgano y cada sistema de mi cuerpo de divino resplandor y salud.

¡Dios, bendice mi cuerpo hoy!

Bendice cada parte de mí con fortaleza divina e integridad.

Elimina los estragos del maltrato a mí misma y la negligencia en el cuidado de mí misma.

Llena cada parte de mí con luz divina que devuelva el orden divino a todas las partes de mi cuerpo.

¡Bendice mi cuerpo hoy!

¡Dios, fortalece mi cuerpo hoy!

Fortalece mis brazos y mis piernas.

Fortalece mis manos y mis pies.

Fortalece mi corazón y todos los sistemas a los que da apoyo.

Que el poder sanador de tu fuerza fluya a través de mí para corregir y eliminar todo desequilibrio, toda enfermedad y toda desarmonía.

¡Bendice mi cuerpo con fuerza hoy!

Ahora, pido y me abro a recibir una integridad, una salud y una fuerza renovadas en todas las partes de mi cuerpo.

¡Elogio a mi cuerpo!

¡Amo mi cuerpo!

¡Doy gracias por mi cuerpo!
¡Sé que mi cuerpo está ileso, sano y bendecido!
¡Me siento bien!
¡Mi cuerpo se siente bien!
¡Y así es!

❧❧❧

Oración para una pareja casada

Querido Dios:

Bendice mi matrimonio hoy.

Bendíceme a mí y a mi mujer/marido con una visión clara de tu intención para esta unión.

Bendícenos ordenando nuestros pasos.

Bendice las oraciones que rezamos el uno para el otro. Bendícenos manteniéndonos libres de todo mal. Bendícenos con un hogar tranquilo y amoroso. Bendícenos con corazones abiertos y llenos de amable compasión mutua.

Bendícenos para que nos acordemos de elogiarnos y animarnos el uno al otro.

Bendícenos con una fuerza proveniente del interior que se derrame hacia el exterior, para que ningún arma pueda formarse contra nosotros o dentro de nosotros.

Bendice a mi mujer/marido en todo lo que ella/él haga en este día.

Bendice sus pensamientos, sus palabras y sus actos en toda situación y en toda circunstancia.

Bendice y llena el corazón de mi mujer/marido con una paz y una alegría arrolladoras. Escucha todas sus preocupaciones y ofrécele todas las soluciones adecuadas a su mente con claridad y suavidad.

Bendíceme con paciencia, para que pueda ser un/a compañero/a más tolerante.

Bendíceme para que sepa y vea solamente las cosas que realmente importan y renuncie a todos los hábitos de pensamiento o habla que creen discordia.

Bendice nuestras finanzas hoy. Recuérdanos que usemos nuestros recursos sabiamente y entreguemos nuestros primeros frutos a ti.

Bendícenos para que cooperemos el uno con el otro.

Bendícenos para que veamos la bondad de tu presencia el uno en el otro.

Bendícenos con pensamientos amables mutuos que broten de nuestras bocas en forma de palabras amables.

Bendícenos para que sepamos cuándo decir lo que pensamos y cuándo escuchar.

Bendícenos para que escuchemos a nuestros corazones, no a nuestras heridas.

Bendice nuestro matrimonio, para que sea un lugar frecuentado por tu presencia y tu amor.

Querido Dios, te invito al centro de mi matrimonio, para que llegue a ser todo lo que tú lo creaste para ser.

Estoy muy agradecido por tu presencia serena y amorosa en el centro de mi matrimonio.

¡Que así sea!

¡Y así es!

Oración de un padre por su hijo/a

Querido Dios:

En tus manos pongo la mente, el cuerpo y el espíritu de mi hijo/hija _____ (*di su nombre*), pidiéndote que lo/la críes de la forma en que lo/la has creado para que sea. Guía a mi hijo/a para que se mantenga alejado de todas las cosas y todas las personas que no están alineadas con su mayor bien. Protege a mi hijo/a de las cosas y las personas que lo/la llevarían por un camino que no está en alineación con su destino, tal como tú lo has escrito en su corazón.

Retira de la mente de mi hijo/a toda sombra de miedo, dudas, ira y resentimiento que pudiera nublar su mente o endurecer su corazón.

Fortalece a mi hijo/a para que se aleje de aquellas cosas y personas que pueden alejarlo/a del camino divino que tú has trazado para él/ella.

Abre los ojos de mi hijo/a para que pueda ver y conocer el peligro. Dale la valentía para resistirse a todas las tentaciones que puedan perjudicarlo/a.

Enseña a _____ (*di su nombre*) a honrar a su cuerpo por ser tu templo divino.

Enseña a mi hijo/a a valorar el poder de su mente.

Enseña a mi hijo/a a usar sus dones y talentos con sabiduría.

Ablanda el corazón de mi hijo/a con bondad y compasión.

Por encima de todo, Dios, permite que mi hijo/a sepa que tú lo/la amas. Permite que mi hijo/a sienta tu amor, conozca tu amor y exprese tu amor en todo momento y en toda circunstancia.

Acerca a mi hijo/a a ti. Aleja a mi hijo de los patrones de pensamiento y comportamiento que no son productivos, honorables, sanos o amorosos para él.

Rocía a mi hijo/a generosamente con tu gracia y tu luz.

Enseña a mi hijo/a tu forma de actuar y guíalo/a para que sea una prioridad en su vida.

Enséñame, Dios, a hablar a mi hijo/a de una forma que honre su espíritu y lo/la impulse a desear hacer el bien en todo momento.

Perdóname por los temores que guardo en mi corazón y que proyecto en mi hijo/a.

Recuérdame que debo valorar a mi hijo.

Enséñame a comunicarme y a demostrar mi amor de maneras sanas y cariñosas.

Si hay algo que haga o diga que no es un buen ejemplo para mi hijo/a, por favor, ¡sáname de ello ahora mismo!

Con total fe y confianza, te pido que crees un lazo de amor, alegría, armonía, respeto y bondad entre mi hijo/a y yo que el mundo no pueda romper.

¡Gracias, Dios!

¡Gracias, Dios!

¡Gracias, Dios!

Porque sé que mientras digo esta plegaria, esto se ha hecho realidad.

¡Que así sea!

¡Y así es!

Oración de una madre por sus hijos

Bendito y Divino Padre Dios, Santa y Misericordiosa Madre Dios:

Gracias por confiarme las tareas y los deberes que conlleva ser madre. Gracias por la bendición que son mis hijos en mi vida. Gracias por establecer un vínculo de amor entre mis hijos y yo que no se puede romper, que es sustentador de la vida, que es íntegro y sagrado.

Gracias, Dios, por bendecir a mis hijos.

Rezo para que siempre bendigas sus mentes para que estén libres de la sombra de las dudas. Bendice sus corazones para que sean amables. Bendice sus sueños para que puedan realizarse por tu gracia.

Gracias por sostener a mis hijos a través de las difíciles experiencias a las que se enfrentarán en esta vida.

Gracias por escribir tu voluntad y tu forma de actuar en sus corazones y por hacer que lo recuerden en épocas de necesidad.

Te ruego que les des ánimo. ¡Dales fuerza! Dales una mente y un corazón que hagan aquello que es bueno y es pacífico.

Gracias, Dios, por amar a mis hijos incluso más que yo.

Te ruego que los ames cuando se sientan heridos. Ámalos cuando sientan miedo. Ámalos cuando no tengan la fuerza suficiente para amarse a sí mismos.

Gracias, Dios, por proteger y guiar a mis hijos cuando yo no estoy ahí.

Te ruego que todas las cosas buenas que he hecho por ellos se mantengan presentes en sus mentes y llenen sus corazones. Que mis palabras y mis actos sirvan como buenos ejemplos a ellos y para ellos.

Gracias por cubrir todas las necesidades, realizar todos los sueños y purificar todos los deseos que mis hijos puedan tener.

Gracias, Dios, por no alejar la mirada de mis hijos.

Gracias por la salud y la fortaleza de mis hijos.

Gracias por librarlos de todo daño y alejarlos del peligro.

Gracias por la capa de luz amorosa y protección que los envuelve dondequiera que estén.

Gracias, Dios, por tu promesa de que la plegaria de una madre por sus hijos siempre será escuchada o atendida.

Por ello, estoy muy agradecida.

¡Y así es!

Oración de una madre por su hijo nonato

Dios bendito y misericordioso,
gracias por el regalo de la vida.
Gracias por la vida del niño que crece dentro de mí.
Gracias por el amor que está moldeando y formando la vida de este niño hacia la perfección divina.
Gracias por dar forma a la mente de este niño.
Gracias por dar forma a los huesos de este niño.
Gracias por dar forma al destino de este niño y por escribirlo en su corazón.
Gracias por llenar todo el ser de este niño con tu luz amorosa.
Gracias por conocer el nombre de este niño y por llamarlo por su nombre incluso antes de que esté formado.
Gracias por enseñarme cómo amar a este niño, incluso antes de que nazca.
Gracias por darme un apetito sano por estos alimentos que dan vida y sustentan la vida mientras este niño crece dentro de mí.
Gracias por darme un sereno descanso mientras este niño crece dentro de mí.
Gracias por guardarme de todo daño y peligro mientras este niño crece dentro de mí.
Gracias por la paz mental mientras este niño crece dentro de mí.

Gracias por el regalo de la vida.

En este momento, te entrego todas mis preocupaciones por la salud, la fuerza y el bienestar de la preciada vida que está creciendo dentro de mi cuerpo.

En este momento, llamo a la gracia, la misericordia y la luz amorosa de tu presencia para que llene todo mi ser y sustente la vida que está creciendo dentro de mí.

Prepárame para este nacimiento. Prepara a mi mente.

Prepara a mi cuerpo.

Bendíceme y bendice a este niño para que su nacimiento ocurra con facilidad y sin esfuerzo, bajo la gracia de tu paz.

Encomiendo a tus ángeles este niño.

A ti te encomiendo todo mi ser.

Te doy las gracias y te alabo por esta vida bendita que está creciendo dentro de mí.

Que esta plegaria se eleve, sea escuchada y aceptada en los reinos más elevados de todo lo que es bueno.

Por esto estoy muy agradecida.

¡Y así es!

Oración de protección

Bendito Espíritu Santo:

Mientras entro en este día, reclamo la luz de tu protección para mí y mis seres queridos.

Reclamo el abrazo de tu protección alrededor de mis hijos.

Ningún mal se acercará a ellos.

Reclamo el abrazo de tu protección alrededor de mi mujer/ marido.

Ningún mal se acercará a ella/él.

Reclamo el abrazo de tu protección alrededor de mí.

Ningún mal se acercará a mí.

Reclamo el abrazo de tu protección alrededor de mis padres.

Ningún mal se acercará a ellos.

Reclamo el abrazo de tu protección alrededor de mi hogar.

Ningún mal se acercará a él.

Reclamo el abrazo de tu protección alrededor de mi coche (o cualquier medio de transporte).

Ningún mal se acercará a mí.

Espíritu Santo, líbranos de todo mal en este día.

Sé que es tu voluntad que estemos protegidos en nuestro ir y venir.

Hágase tu voluntad.

¡Y así es!

Oración de perdón a uno mismo

Bendito y divino Espíritu Santo:

Por favor, escucha mis palabras y báñame con tu gracia. Ahora te invoco, Espíritu Santo, por la presencia de tu misericordia y tu amor. Solicito que mis guardianes, ángeles, guías y todos los espíritus de luz me rodeen. Coloca estas palabras mías en el seno de tu amor, transformándolas en algo hermoso en mi vida que yo pueda utilizar para servir a Dios y al mundo.

En cooperación con el Espíritu, ahora me perdono por juzgar que no soy suficiente.

En cooperación con el espíritu, ahora me perdono por juzgar que no valgo lo suficiente.

En cooperación con el Espíritu, ahora me perdono por juzgar que soy un problema para otras personas.

En cooperación con el Espíritu, ahora me perdono por juzgar que soy una carga para otras personas.

En cooperación con el Espíritu, ahora me perdono por juzgar que soy mala.

En cooperación con el Espíritu, ahora me perdono por juzgar que soy difícil de amar.

En cooperación con el Espíritu, ahora me perdono por juzgar que no soy nada bueno.

En cooperación con el Espíritu, ahora me perdono por juzgar que hay algo que no está bien en mí.

En cooperación con el Espíritu, ahora me perdono por juzgar que estoy equivocada.

En cooperación con el Espíritu, ahora me perdono por juzgar que soy una víctima.

En cooperación con el Espíritu, ahora me perdono por juzgar que no valgo nada.

En cooperación con el Espíritu, ahora me perdono por juzgar que soy indeseable.

En cooperación con el Espíritu, ahora me perdono por juzgar que no encajo en mi familia.

En cooperación con el Espíritu, ahora me perdono por juzgar que siempre necesito demostrar que valgo.

En cooperación con el Espíritu, ahora me perdono por juzgar que soy indigna.

En cooperación con el Espíritu, ahora me perdono por juzgar que soy menos que una amada hija de Dios.

Mediante el poder y la gracia del perdón a mí misma, ahora reconozco y declaro que estoy entera, que soy sagrada, perfecta y estoy completa.

¡Y así es!

La libertad del perdón

Hoy, pido y reclamo el perdón de todos por todos los males que he creado en pensamiento, palabra o acto.

Hoy, todo está perdonado. Soy libre para buscar mi mayor bien.

Hoy, no conozco ningún daño, ningún sufrimiento, ninguna condición, situación o persona que sea más poderosa que el poder de Dios o el amor de Dios.

Todo está bien en mi alma.

Hoy, abro mi corazón al poder del amor de Dios. Yo perdono. Yo soy perdonadora. Yo soy perdonada.

Gracias, Dios.

¡Y así es!

Por favor, perdóname

¡Oh Señor, por favor perdóname por caer en mis fantasías humanas, mis debilidades y mis temores! Por favor, perdóname por afirmar las cosas que no quiero o que temo enfrentar. Perdóname por caer en lo trivial, danzando con la negatividad, y por actuar como si pudiera hacer cosas que tú y yo sabemos que están fuera del alcance de mis capacidades.

Perdóname, Señor, por pensar demasiado, hablar demasiado, y por actuar cuando debería estar comunicándome contigo.

Perdóname por empujar, luchar y, de muchas más maneras que puedo nombrar, poner mis planes por delante de tu voluntad.

Perdóname por decir que son ellos los que están provocando el antagonismo, cuando sé que soy yo.

Perdóname por buscar ahí fuera cuando lo que debería hacer es buscar en mi interior.

Perdóname por decir una cosa y hacer otra.

Perdóname por pedir cosas cuando no he expresado gratitud por lo que tengo.

Perdóname por intentar hacer demasiadas cosas al mismo tiempo, sin hacer ninguna de ellas bien y luego echándote la culpa por todo lo que me has dado para hacer.

Perdóname por hundirme en mis fracasos, por cuestionar la verdad y por ser generalmente una obra humana en lugar de un ser divino.

Perdóname por juzgarme, criticarme, dudar de mí y, cuando eso es demasiado para soportar, volverme contra otras personas.

Perdóname por ser humana, por no gustarme serlo y, al mismo tiempo, pedirte todo el tiempo que me des más de las comodidades materiales que provocan mi estrés.

Perdóname por creer que estás obligado a servirme, cuando yo no he estado siempre dispuesta a servirte a ti.

Perdóname, Dios, porque en este momento me está costando perdonarme a mí misma.

Ahora pido, y me abro para recibir tu perdón y la paz y la alegría que me proporciona. En la presencia de tu perdón, yo soy renovada, recargada, y recuerdo que, antes de que yo pida, tú ya sabes.

Por esto y por mucho más, estoy muy agradecida.

¡Y así es!

Oración para tener fuerza al hacer algo nuevo

Querido Dios:

Hoy, estoy recordando que soy tu hija.

Sé que estoy a salvo en los brazos de tu amor.

Sé que estoy protegida por el poder de tu amor.

Sé que soy guiada por la sabiduría de tu amor.

Hoy, sé que soy una hija de Dios muy querida.

Sé que todas mis necesidades son satisfechas por Dios hoy.

Sé que todas mis preguntas son respondidas por Dios hoy.

Sé que todas mis preocupaciones son las preocupaciones de Dios, porque soy una hija de Dios muy querida.

Hoy, me estoy apoyando en Dios.

Hoy, estoy poniendo mi fe en Dios.

Hoy, estoy tomando la mano de Dios, para que él pueda guiarme a través de cualquier cosa que yo tema, manteniéndome a salvo.

Hoy, le estoy confiando a Dios todos los asuntos de mi vida porque sé que Dios me quiere tal como soy, hoy y todos los días.

Por esto estoy muy agradecida.

¡Y así es!

Soy una hija de Dios muy querida.

Oración para la paz en las tareas difíciles

Querido Dios:

Por favor, recuérdame que puedo hacer cualquier cosa durante un rato.

Puedo realizar tareas repetitivas.

Puedo hacer cosas ingratas.

Puedo realizar tareas difíciles, rodeada de personas difíciles, en unas circunstancias de lo más desagradables.

Puedo hacer todas las cosas que estoy convencida de que tengo miedo de hacer.

Por favor, recuérdame que puedo hacer cualquier cosa durante un rato.

Puedo sentirme incómoda.

Puedo sentirme inadecuada, indigna o poco preparada y, aun así, avanzar en una dirección positiva hasta que me sienta mejor.

Puedo sentirme insegura.

Puedo sentir que mi fe disminuye y mi fuerza se agota y, aun así, realizar algo bueno, algo grandioso, algo que valga la pena.

Por favor, Dios, recuérdame que puedo hacer cualquier cosa durante un rato.

Cuando sienta ganas de huir o de darme la vuelta, por favor, recuérdamelo.

Cuando esté poniendo excusas e intentando encontrar una forma de escape, por favor, recuérdamelo.

Cuando esté lamentándome y quejándome, por favor, Dios, recuérdame que ninguna tarea es demasiado pequeña, poco importante o insignificante. Recuérdame que todo lo que haga por ti hoy será recompensado diez veces mañana.

Por favor, Dios, recuérdame que puedo hacer cualquier cosa durante un rato. Y mientras estoy haciendo todo lo que se me ha dado, recuérdame que te alabe por la capacidad de hacer absolutamente cualquier cosa.

Por la presencia de tu paz en medio de todas mis tareas, estoy eterna y humildemente agradecida.

¡Y así es!

Oración para los abrumados

Querido Dios:

No necesito saber cómo.

No necesito saber cuándo.

No necesito saber por qué.

No necesito saber dónde.

Lo único que necesito saber es *quién*.

Gracias por ser *quien* está siempre ahí para mí. *quien* nunca deja de responder a mis desesperadas peticiones de ayuda.

Gracias por ser *quien* siempre es confiable, y que siempre está listo y es capaz de apoyarme, protegerme y guiarme a través de las situaciones a las que me enfrento en mi vida.

Gracias por ser *quien* conoce la respuesta y la ofrece generosamente.

No importa dónde esté o lo que pueda necesitar, tú eres siempre *quien* me toma de la mano y me conduce.

Gracias por ser *quien* me conoce mejor que yo misma. *Quien* me ama cuando no puedo encontrar amor dentro de mí. No importa cuál sea la situación o la experiencia, tú, Dios, eres a *quien* necesito y lo que necesito.

Gracias por ser exactamente *quien* tú eres y por apoyarme, guiarme e impulsarme a ser una persona mejor.

Estoy muy agradecida por quien me inspiras a ser.

¡Y así es!

Para eliminar el cansancio o el agotamiento

Querido Dios:

Te reconozco como la vida y la alegría de vivir dentro de mí.

Te reconozco como la sustancia indestructible, omnipresente, de mi vida.

Te reconozco como la armonía perfeccionadora en todas las cosas.

Ahora llamo a la armonía que es Dios para que esté presente en mi mente.

Ahora llamo a la alegría que es Dios para que esté presente en mi corazón.

Ahora llamo a la fuerza que es Dios para que esté presente en mi cuerpo.

Ahora soy consciente de que dondequiera que esté, ¡Dios está!

Donde Dios está, todas las cosas son posibles.

Gracias, Dios, porque soy renovada en mi mente, mi cuerpo, y mi espíritu.

Gracias, Dios, porque soy rejuvenecida en mi mente, mi cuerpo y mi espíritu.

Gracias, Dios, porque soy recargada en mi mente, mi cuerpo y mi espíritu.

Gracias, Dios, porque soy revitalizada en mi mente, mi cuerpo y mi espíritu.

¡Gracias!

¡Gracias!

¡Gracias!

¡Y así es!

Para decir la verdad

Querido y sabio Espíritu Santo:

Ayúdame a decir lo más apropiado, de la forma más amorosa en mi comunicación con _____ *(di el nombre de la persona).*

Despeja mi mente y mi corazón de todos los juicios, las proyecciones y los prejuicios del pasado.

Despeja mi mente y mi corazón de todo el enfado, el miedo, el dolor y el resentimiento del pasado.

Permíteme hablar con claridad, amor y sinceridad acerca de lo que está ocurriendo en estos momentos.

Permíteme hablar con amable compasión y bondad.

Al hablar sobre _____ *(menciona la situación)* a _____ *(di el nombre de la persona)*, guíame para escoger cada palabra del cofre del tesoro de tu sabiduría.

Abre la mente, el corazón y los oídos de _____ *(di el nombre de la persona)* para que escuche todas las palabras que pronuncio con el espíritu de interés genuino y compasión con el que las ofrezco.

Abre mi mente, mi corazón y mis oídos para que reciba cualquier respuesta de _____ *(di el nombre de la persona)* con un espíritu de sabiduría.

Es mi intención que las palabras de mi boca y las meditaciones de mi corazón respecto a este asunto engendren una rela-

ción más abierta, sincera y amorosa entre _____
y yo.

Gracias, Espíritu Santo.

¡Y así es!

Oración de agradecimiento

Querido Dios:

Gracias por recordarme lo poderosa que Yo Soy.

Gracias por mostrarme que Yo Soy protegida y guiada e iluminada por tu divina presencia en mi ser.

Gracias, Dios, por cobijarme durante la tormenta, por enderezar lo que estaba torcido, por crear una salida ahí donde no había salida.

Gracias por perdonarme cuando yo era incapaz de perdonarme, o no estaba dispuesta a hacerlo.

Gracias, Dios, por tu misericordia, por tu gracia, por tu bondad que perduran para siempre como el poder en mi espíritu.

Gracias, Dios, por recordarme que tu amor es el poder que da vida a mi alma.

Gracias, Dios, por el Ser que Yo Soy.

¡Y así es!

Bendición para una comida

Querido Dios:

Gracias por preparar esta mesa que está delante de nosotros.

Gracias por la abundancia de la tierra, que nutre nuestros cuerpos.

Gracias por la abundancia de tu bondad, que sustenta nuestras vidas, fortaleciéndonos para servirte de una forma más eficaz.

Gracias por las manos que prepararon esta comida y por la dicha de poder compartirla.

Por todo lo que hemos recibido y todo lo que todavía está por venir, ¡te estamos agradecidos, Dios!

¡Y así es!

¡Sólo un poco de gracias!

Querido Dios:

¡Estoy tan agradecida! ¡Estoy tan agradecida! ¡Estoy tan agradecida!

Me has bendecido con la visión.

¡Qué regalo!

Es un regalo verme en la luz divina, serena abundancia, total y absoluto bienestar, y saber que a través de tu gracia, se realiza para mí lo que yo creo.

Estoy muy agradecida porque mis ojos pueden contemplar la belleza de la vida y porque estos ojos no limitan la recompensa de tu gloria!

Estoy muy agradecida porque mis ojos espirituales dan poder a mis pensamientos. Todo lo que puedo ver me será concedido tal como yo lo creo.

Estoy muy agradecida porque en mi mente puedo crear una visión para mí y para mi vida.

Estoy muy agradecida porque a través del poder de tu gracia, la misericordia de tu amor, los frutos de mi fe toman forma de acuerdo con el orden divino y se convierten en una realidad en mi vida.

¡Qué regalo bendito me has dado!

El don de la visión.

¡Ver! ¡Creer! ¡Realizar!

¡Saber! ¡Contemplar!

Por esto estoy muy agradecida.

¡Y así es!

Oración de prosperidad

La prosperidad divina es mi derecho básico.

Nada me faltará.

Soy hija de la herencia divina, nacida para heredar el reino de todo lo que es bueno.

Todo lo que es salud, riqueza, amor, paz y alegría ha sido divinamente decretado como mío debido a todo lo que Yo Soy.

Mi Padre me da el aliento para que yo pueda vivir y moverme en su presencia perfeccionadora.

Mi Padre no está limitado. Yo no estoy limitada. Yo no estaré limitada.

Mi Madre llena la Tierra con la abundante presencia de todas las cosas que yo podría necesitar.

Mi Madre no está limitada. Yo no estoy limitada. Yo no estaré limitada.

No me faltará ninguna cosa buena.

No se me negará ninguna cosa buena.

Ahora se abren puertas que estaban ocultas.

Ahora se despejan canales invisibles.

La abundancia y la prosperidad divinas fluyen a mí con la perfecta gracia de Dios, de maneras perfectas.

Ahora vivo en el lugar sagrado de lo más elevado, donde hay una provisión ilimitada de recursos abundantes y tesoros en abundancia.

¡Nada me faltará! ¡Nada me faltará! ¡Nada me faltará!

Escasez - ¡Retírate!

Deudas - ¡No me inquieto!

Enfermedad - ¡No eres para mí!

¡Yo Estoy sana! ¡Yo Soy rica! ¡Yo Soy LIBRE!

¡Yo Estoy completa! Yo Soy una hija divina, amorosa, amada y amable de una fuente amorosa, dadivosa y abundante.

¡Nada me faltará!

Reconozco mi bien. Acepto mi bien. ¡Recibo mi bien, aquí y ahora!

La *vida* no me negará ninguna cosa buena.

Ahora *prohíbo* a mi mente (da tres golpes en el centro de tu frente) tener miedo a la escasez o al desabastecimiento.

¡Prohíbo absolutamente a esta mente rendir honor a las sandeces!

No tiene ningún sentido negar mi derecho básico.

Es el placer de mi Padre, la voluntad de mi Madre, el asunto de mi Padre y la alegría de mi Madre que yo herede el reino de lo bueno.

¡*Dios* es Bueno! ¡Y acepto lo bueno como mío!

Ahora, reivindico el reino en el centro de mi alma.

¡Nada me faltará! ¡Nada me faltará! ¡Nada me faltará!

Que así sea. ¡Y así es!

Gracias, Dios Padre. Gracias, Dios Madre.

¡Gracias porque nada me faltará!

¡Y así es!

No me faltará ninguna cosa buena.

❧❧❧

Oración para eliminar las deudas

Bendito Espíritu Santo y Ángeles de la Abundancia:

Ahora, estoy preparada para cuadrar mis cuentas.

Estoy dispuesta a responsabilizarme económica y fiscalmente de todos mis recursos.

Ahora, estoy preparada para eliminar de mi vida la escasez y las deudas.

Reconozco que hay una abundancia de cosas buenas en el universo.

Ahora, llevo mi conciencia a la alineación con la esencia, la energía y los principios de la abundancia universal.

Estoy preparada para dejar ir la escasez y las deudas de mi vida.

Confieso que no siempre he honrado mis recursos económicos, y me perdono.

Confieso que no siempre he honrado mis compromisos económicos, y me perdono.

Confieso que no siempre he honrado mis responsabilidades económicas, y me perdono.

Confieso que no siempre he honrado los principios del dinero y las finanzas, y me perdono.

Ahora, renuncio a todos mis pensamientos de culpa, vergüenza y miedo asociados con la relación que solía tener con el dinero, la riqueza, la abundancia y la prosperidad.

Ahora, me abro a una nueva comprensión.

Ahora, pido una orientación divina que me saque de las deudas y me abro a recibirla.

Ahora, pido y me abro a recibir instrucción divina sobre cuál es el paso más adecuado que debo dar hacia la responsabilidad económica.

Ahora, pido y me abro a recibir inspiración divina sobre cómo usar mejor los recursos económicos presentes en mi vida.

Ahora, pido y me abro a recibir la comprensión divina de cómo activar los principios de prosperidad en todos los aspectos de mi vida.

Ahora, pido y me abro a recibir el flujo divino y consistente de abundancia del universo.

Ahora, abro mi mente y mi corazón a las leyes económicas del universo del bien divino.

¡Tal como doy, recibo!

¡Tal como digo, hago!

¡Tal como pido, soy bendecida en abundancia!

Por esto estoy muy agradecida.

¡Y así es!

❧❦❧

Oración de gratitud

Querido Dios:

¡Hay tantas cosas por las que estoy agradecida hoy!

¡Tengo brazos! ¡Tengo piernas! ¡Tengo pies!

¡Puedo hablar! ¡Puedo pensar! ¡Puedo oír! ¡Puedo ver!

¡Estoy bien! ¡Mi familia está segura y me siento muy agradecida!

Hoy, dejaré que la gratitud abra nuevas puertas y cierre las viejas.

¡Estaré agradecida por todas las cosas! ¡Por todas las cosas pequeñas!

¡Por todas las cosas grandes!

¡Hoy, dejaré que la gratitud sea mi Dios!

Hoy, dejaré que mi corazón agradecido permita que Dios sepa que confío, creo y me aferro a sus promesas.

¡Estoy agradecida porque Dios me ha prometido que él/ella me vestirá, me alimentará y me dará cobijo!

Dios ha prometido que él/ella abrirá el mar y que yo podré atravesarlo sin ahogarme. ¡Dios ha prometido que no me agobiaré! ¡No caeré!

Nada me vencerá.

Estoy muy agradecida porque dios está conmigo; ¡de mi lado y a mi lado!

¿Qué podría ir mal hoy?

¡*Nada!* Y por ello, estoy agradecida.

¡Y así es!

Te doy las gracias ahora mismo

Querido Dios:

Quiero darte las gracias por lo que ya has hecho.

No voy a esperar a ver resultados o a recibir recompensas; te doy las gracias ahora mismo.

No voy a esperar a sentirme mejor o a que las cosas tengan un mejor aspecto; te doy las gracias ahora mismo.

No voy a esperar a que la gente me pida perdón o a que deje de hablar de mí; te doy las gracias ahora mismo.

No voy a esperar a que el dolor en mi cuerpo desaparezca; te doy las gracias ahora mismo.

No voy a esperar a que mi situación económica mejore; te doy las gracias ahora mismo.

No voy a esperar a que los niños estén dormidos y la casa esté en silencio; te doy las gracias ahora mismo.

No voy a esperar a recibir un ascenso en el trabajo o a conseguir un nuevo empleo; te doy las gracias ahora mismo.

No voy a esperar a entender cada una de las experiencias en mi vida que me han causado dolor o tristeza; te doy las gracias ahora mismo.

No voy a esperar a que las cosas se vuelvan más fáciles o los desafíos desaparezcan; te doy las gracias ahora mismo.

Te doy las gracias porque estoy viva.

Te doy las gracias porque salí airosa de las dificultades del día.

Te doy las gracias porque he sorteado los obstáculos.

Te doy las gracias porque tengo la capacidad y la oportunidad de hacer más y mejor.

Te doy las gracias porque tú no has perdido las esperanzas en mí.

Te doy las gracias porque me has perdonado.

Te doy las gracias porque me amas, me aceptas y me reconoces cuando yo no soy capaz de hacerlo por mí misma.

No voy a esperar otro minuto, otra hora u otro día.

Te doy las gracias ahora mismo por todas las pequeñas cosas que ya has hecho.

¡Gracias, Dios!

¡Gracias, Dios!

¡Gracias, Dios!

Por todo lo que ya he recibido y por todo lo que todavía está por llegar!

¡Y así es!

¡Gracias a Dios por la fe!

Querido Padre/Madre Dios:

Gracias por el regalo de la fe.

Cuando estoy sola y asustada, la fe está ahí.

Cuando parece que mis recursos y reservas han menguado, la fe está ahí.

Cuando mis amigos cierran los ojos y me dan la espalda, la fe está ahí.

Cuando tomo decisiones y hago elecciones que no son lo que más me conviene, la fe está ahí.

Cuando mi mundo humano está sumido en el caos, la fe está ahí.

Cuando mi mente humana ya no puede ver el bien que tienes reservado para mí, la fe está ahí.

Estoy muy agradecida por el regalo de la fe.

No puedo comprarla. No puedo tomarla prestada. Sólo tengo que agradecerte de todas las formas y la fe está ahí; con su Madre, la Gracia, y su Padre, la Misericordia, siempre a mi lado.

Estoy llena de fe, soy fiel. Sé que tus ángeles están cuidando de mí fielmente y allanando el camino para mí.

Gracias, Padre/Madre Dios.

Por esto, estoy muy agradecida.

¡Y así es!

Oración para tener fe

Querido Dios:

En cada dificultad, recuérdame que la fe en ti detendrá las flechas del adversario.

Recuérdame que la fe en ti puede mover montañas y personas.

Recuérdame que, con fe en ti, obtengo fuerza y visión.

Recuérdame que, con fe en ti, quizás no sepa lo que vas a hacer, pero mientras sepa lo que puedes hacer, mientras tenga fe en que harás tu voluntad perfecta de la manera perfecta, estaré bien.

Recuérdame que deje que la fe en ti sea mi guía, mi protección, mi escudo y la luz en mi camino.

Recuérdame que la fe en ti me traerá paz en medio de la tormenta.

La fe responderá a mis preguntas.

La fe abrirá mi camino.

La fe guiará mis pensamientos.

Recuérdame que, independientemente de las apariencias, siempre puedo confiar en ti porque tú, Dios, eres fiel.

¡Y así es!

El poder divino en mí

Hay un poder divino que busca su expresión en mí, siendo yo y a través de mí.

El instrumento del poder divino es mi mente.

Hoy, creo en el poder divino dentro de mí.

Creo que el poder está aquí, donde Yo Estoy.

Entiendo que éste es un poder del bien y de Dios.

Me doy cuenta de que el poder fluye a través de mí en todo momento.

Hoy, acepto la presencia del poder divino dentro de mí.

Hoy, creo que el poder está operando en todos los asuntos de mi vida.

Hoy, reconozco que hay un poder divino que me instruye en todo lo que hago.

Hoy, afirmo el poder divino como la presencia activa de alegría y felicidad en mi vida.

Hoy, me alejo deliberadamente de todo y todos los que nieguen la realidad del poder divino en mí, en mi persona y a través de mí.

Hoy, sé que cada átomo, cada célula, cada tejido, cada órgano de mi cuerpo es llevado a la salud y la armonía divinas.

Hoy, sé que cada sombra de duda, preocupación y miedo se desvanece cuando Yo Soy dinamizada con el poder divino del espíritu vivo en mí.

Hoy, Yo Soy honrada con la presencia del poder divino.

Hoy, Yo Soy bendecida con el amor del poder divino.

Hoy, Yo Soy fuerte en la gloria del poder divino.

Hoy, sé que Yo Soy el instrumento a través del cual el poder divino está trabajando.

Hoy, afirmo que el poder divino dentro de mí ahora inyecta novedad en el interior de mi ser y en cada aspecto de mi vida.

Yo Estoy llena del bien. Yo Estoy llena de luz. Yo Estoy llena de fe. Yo Estoy llena de la verdad de mi ser, que es perdurable, dinámico y divino.

¡Gracias, Espíritu! ¡Gracias, Espíritu! ¡Gracias, Espíritu!

¡Que así sea!

¡Y así es!

Yo estoy llena del bien. Yo estoy llena de luz.
Yo estoy llena de fe.

Si sientes miedo o ansiedad

Querido Dios:

Hoy, abro mi corazón y estoy dispuesta a experimentar y expresar la plenitud de tu presencia.

En tu presencia, sé que mi fuerza es renovada.

En tu presencia, conozco la paz, la dicha, la armonía y el equilibrio.

En tu presencia, me veo a mí misma y veo a los demás desde un nuevo lugar, con una mirada de amor y aceptación.

En tu presencia, en cada situación y en toda circunstancia, estoy rodeada de poder, gloria y victoria.

En tu presencia, los antiguos patrones de pensamiento, conducta, acción y reacción se debilitan y son reemplazados por un impulso positivo hacia la experiencia de todas las cosas buenas.

En tu presencia, todos los sentimientos de pánico, ansiedad, angustia, desequilibrio, frustración y miedo desaparecen instantáneamente.

Mi corazón se abre y se limpia de todas las emociones tóxicas. Mi mente está libre de todos los pensamientos caprichosos que promueven la ira, la crítica o la desarmonía en el interior y en el exterior.

En tu presencia, la verdad brota de mi interior. La verdad asciende por mi columna vertebral. La verdad penetra en mi mente. La verdad llena mi corazón. La verdad es que, en presencia de Dios, no puedo sentirme abrumada, superada, eclipsada, sobrepasada o abandonada.

Hoy, a través de la presencia de Dios dentro de mí, experimento *todo lo que Dios es* ascendiendo desde la raíz, el centro y la esencia de mi ser.

Hoy, a través de la presencia de Dios dentro de mí, expreso la plenitud de la gloria de Dios, que hace que todas las cosas sean nuevas.

¡Ah, qué experiencia tan dichosa es saber que tú, Dios, estás de mi lado! Saber que la presencia de Dios es la verdad de mi ser.

Por esto, estoy muy agradecida.

¡Y así es!

En momentos de desesperación

Bendito Espíritu Santo:

Necesito sentir tu consuelo.

Necesito sentir tu fuerza.

Necesito sentir tu paz.

Necesito sentir tu alegría.

Necesito saber que estoy rodeada de tu amor y tu luz divinos.

Ahora, pido y me abro a recibir una efusión completa de tu presencia.

En tu presencia y a tu presencia entrego todos los pensamientos, las creencias, los juicios, las percepciones y los sentimientos que respaldan la experiencia de soledad, confusión, desesperación y dolor.

Abrazo tu presencia, Espíritu Santo, ¡y ahora reclamo el alivio!

¡Ahora reclamo la paz!

¡Ahora reclamo la alegría!

Con un corazón agradecido digo:

¡Gracias, Espíritu Santo!

¡Gracias, Espíritu Santo!

¡Gracias, Espíritu Santo!

¡Y así es!

90

Cuando te arrepientas de algo

Querido Dios:

Por favor, ayúdame a vivir en este momento de ahora mismo. Muéstrame cómo dejar de huir del pasado y ocultarme del futuro.

Ayúdame a estar presente con la bondad, la dicha, la belleza y la paz que están disponibles para mí aquí mismo, ahora mismo.

Hazme saber que ya no tengo que machacarme por las cosas que no hice o que no terminé.

Cuando empiezo a juzgarme por lo tonta que he sido, por todos los errores estúpidos que he cometido y los patrones de conducta que han provocado tanto dolor en mi vida, *¡detenme!*

Cuando esté recordándome que no soy suficientemente valiosa o suficientemente lista, o que no estoy preparada para seguir adelante, *¡por favor, hazme cambiar de opinión!*

Cuando esté dándome excusas y utilizando tácticas de postergación que me impiden dar el siguiente paso, hazme avanzar, a pesar de mí misma.

Ayúdame a dejar de correr, esperar y ocultarme.

Ayúdame a recordar que todo lo que necesito está presente exactamente ahí donde me encuentro en este momento.

Ayúdame a soltar las cosas que me están arrastrando hacia abajo y haciéndome retroceder.

Ayúdame a ver más allá de los obstáculos y los desafíos que imagino que están bloqueando mi camino.

Ayúdame a relajarme, a entregarme, ¡a entrar en la paz que está aquí *ahora mismo*!

Permíteme sentir la paz de tu presencia y el poder de tu amor, ahora mismo.

Ayúdame a entrar en este momento sin ningún temor de lo que contenga y sin ninguna ansiedad sobre lo que me espera.

Dios, ¡te necesito en este instante!

Sé que cada palabra que he pronunciado ha llegado a un lugar especial en tu corazón.

Por ello, estoy muy agradecida.

¡Y así es!

(Permanece unos momento en silencio).

En momentos de soledad

Bendito y Divino Espíritu Santo:
Ahora te pido que llenes mi corazón con amor.
Me encuentro en un lugar de soledad y desesperación.
Estoy experimentando confusión y conflicto.
Me siento sola y abandonada.
Por favor, llena mi corazón con la dicha de tu amor.
Está teniendo lugar una batalla dentro de mí.
Estoy batallando con la soledad.
Estoy batallando con la inseguridad.
La batalla se está tornando difícil.
Siento que estoy perdiendo mi alegría, mi paz, y a mí misma.
Espíritu Santo, por favor, lléname con la fuerza de tu amor.
Llena mi corazón con el poder de tu amor.
Llena mi corazón con la presencia de tu amor.
Ahora abro mi corazón.
Ahora abro mi mente.
Ahora abro mi vida al amor del Espíritu Santo.
¡Y así es!

En momentos de tristeza

Querido Dios:

Me prometiste que tu consuelo llegaría a mí en momentos de desesperación.

Me prometiste que si me apoyaba en ti y acudía a ti, encontraría la paz.

Ahora acudo a ti llena de tristeza y desesperación por la pérdida de _____ *(menciona el nombre de la persona, o la situación)*.

Estoy apoyándome en ti para reunir fuerzas.

Estoy acudiendo a ti para obtener comprensión.

Estoy buscándote para que me des consuelo.

Estoy dependiendo de ti para que me ayudes a aprender a aceptar esta pérdida.

Ayúdame, Espíritu Santo.

Guíame, Espíritu Santo.

Consuélame, Espíritu Santo.

Dame paz. Dame paz. Dame paz.

Apoyándome en las promesas de Dios, a través del poder y la presencia del Espíritu Santo, ahora estoy llena de consuelo y paz.

¡Y así es!

Ayúdame, Espíritu Santo. Guíame, Espíritu Santo.
Consuélame, Espíritu Santo.

Para tener sabiduría en la tristeza

Querido Dios, Bendito y Divino Espíritu Santo:

Te reconozco como el conocedor de todas las cosas.

Te reconozco como el director del proceso de la vida y del vivir.

Reconozco que estás en el centro de todas las cosas.

Reconozco que estás en el comienzo y el final.

Reconozco que en este momento mi corazón está lleno de tristeza por la pérdida de _____ *(menciona el nombre de la persona, o la situación).*

Ahora pido y me abro a recibir la comprensión divina de cómo aceptar esta pérdida.

Ahora pido y me abro a recibir orientación divina acerca de cómo pasar por esta experiencia con gracia y soltura.

Ahora pido y me abro a recibir revelaciones divinas sobre cómo utilizar la experiencia de esta pérdida para mi propio crecimiento personal y para mi propia sanación.

Ahora pido y me abro a recibir el valor para hacer cualquier cosa que esté llamada a hacer.

Ahora, te entrego todos mis «por qué».

Ahora, invoco la presencia llena de paz, consoladora, y el poder del espíritu de Dios.

A ti, querido Dios, te entrego esta pena.

Lléname de paz.

Lléname de consuelo.

Lléname de aceptación.

Lléname de fuerza.
Lléname de valor.
Ahora declaro que esto es así.
¡Y así es!

❧❧❧

Cuando te han hecho daño

Querido Dios:

Crea en mí un corazón limpio, renueva un espíritu apropiado dentro de mí.

He estado muy enfadada durante mucho tiempo, con muchas personas, incluso conmigo misma.

Crea en mí un corazón limpio, renueva un espíritu apropiado dentro de mí.

He reprimido mi amor, mi apoyo e incluso mi gratitud hacia aquellos que me han apoyado enormemente.

Crea en mí un corazón limpio, renueva un espíritu apropiado dentro de mí.

He atacado verbalmente a aquellos que son más importantes para mí.

Crea en mí un corazón limpio, renueva un espíritu apropiado dentro de mí.

Me he comportado de maneras inapropiadas por los motivos equivocados.

Crea en mí un corazón limpio, renueva un espíritu apropiado dentro de mí.

Me he deshonrado y le he faltado el respeto a otras personas que no lo merecían.

Crea en mí un corazón limpio, renueva un espíritu apropiado dentro de mí.

He permitido que el miedo y la ira, la vergüenza y la culpa, la sensación de falta de valía y las dudas controlen mis pensamientos y dirijan mis actos.

Crea en mí un corazón limpio, renueva un espíritu apropiado dentro de mí.

He permitido que mi decepción con las personas se convierta en mi decepción contigo.

Crea en mí un corazón limpio, renueva un espíritu apropiado dentro de mí.

He permitido que el resentimiento crezca en mi corazón, lo cual me llevó a desconfiar de ti.

Crea en mí un corazón limpio, renueva un espíritu apropiado dentro de mí.

He permitido que los hábitos me gobiernen, la desobediencia me controle y la falta de disciplina me aleje del objetivo que tú colocaste en mi corazón.

Crea en mí un corazón limpio, renueva un espíritu apropiado dentro de mí.

No he sido sincera conmigo misma y con otras personas.

Crea en mí un corazón limpio, renueva un espíritu apropiado dentro de mí.

He sido hiriente sin motivo y, como resultado de ello, mi corazón está pesado.

Crea en mí un corazón limpio, renueva un espíritu apropiado dentro de mí.

Ahora te entrego todo lo que está dentro de mí que no proviene de ti.

Es mi deseo más profundo servirte y ofrecer, a ti y a los demás, todo el amor y la compasión que tú me has mostrado.

Para saber que tú eres la verdad dentro de mí, te pido que *crees en mí un corazón limpio, querido Dios, y renueves un espíritu apropiado dentro de mí.*

Por todo lo que he recibido y por todo lo que todavía está por llegar, estoy eternamente agradecida.

¡Y así es!

❧❦❧

Oración para cuando una relación se acaba

(o cualquier experiencia de pérdida repentina)

Querido Dios:

Hoy, te pido fuerza para soltar. Sé que esta experiencia ha cumplido su propósito en mi vida. Sé que ha llegado el momento de seguir adelante, pero tengo miedo. Por favor, dame la fuerza para soltar.

Hoy, te pido el valor para seguir adelante. Sé que no tengo nada más que dar, nada más que recibir si sigo estando donde estoy. Sé que tu propósito divino se ha cumplido y que hay algo aún mejor esperándome al otro lado de esto, pero en este momento estoy sufriendo. El dolor que siento me mantiene estancada en el lugar en el que me encuentro. Por favor, dame la fuerza y el valor para seguir adelante.

Hoy, te pido la sabiduría para perdonar. Siento mucha ira, mucha vergüenza, mucha culpa. Estoy esforzándome por entender qué hice, qué debería haber hecho y qué debí haber dejado de hacer hace mucho tiempo. Sé que si pudiera perdonarme y perdonar a todos los implicados, sería capaz de ver más allá de esta experiencia. Podría superar esta ira y esta tristeza, pero ahora mismo estoy enfadada. Sé que es esta ira lo que me mantiene aquí y hace que me sienta así. Por favor, dame la fuerza, el valor y la sabiduría para perdonarme; sé que entonces podré perdonar a todos los demás.

Hoy, pido comprensión. Estoy intentando comprender, ¡pero la verdad es que no comprendo! Estoy intentando ver lo bueno de esto, ¡pero la verdad es que no lo veo! Estoy intentando entender lo que está ocurriendo, para no seguir sintiendo la ira o el miedo. Si, por algún motivo, no es el momento de entender para mí, por favor, Dios, simplemente llévate el dolor.

Hoy, pido la humildad de la aceptación. Confieso que no me gusta lo que está ocurriendo. No entiendo por qué está ocurriendo. Estoy dispuesta a ser humilde. Estoy dispuesta a aceptar esta experiencia, pero ahora mismo quiero pelear. Por favor, haz que mi espíritu sea más humilde, para que yo pueda avanzar hacia la aceptación.

Hoy, pido paz. ¡Reclamo la paz! Sé que la presencia de la paz supera la comprensión. Ahora, pido que la presencia consoladora de la paz sobrepase el miedo y la ira que me consumen. Sé que con paz mi fuerza y mi valentía crecerán, y me encontraré a mí misma en medio de esta pérdida. Ahora, me abro a recibir y a experimentar paz en medio de esta tormenta. Ahora, anclo mi alma en la presencia de la paz. Ahora, recibo y abrazo la presencia de la paz como la realidad de este momento.

Hoy, ¡tengo fuerza! ¡Me muevo con valor! ¡Actúo con sabiduría! ¡Estoy abierta a la comprensión divina! Acepto humildemente todos mis pensamientos y sentimientos, y experimento la presencia de una paz absoluta.

Por esto y por mucho más, estoy eternamente agradecida.

¡Y así es!

En el momento de mayor debilidad

El lugar en el que me encuentro en este momento es Tierra Sagrada.

Me encuentro en medio de mi propia transformación espiritual personal, y está desarrollándose a la perfección.

En medio de mi lección más difícil, estoy ganando fuerza, adquiriendo más poder, aumentando mi sabiduría y satisfaciendo todas mis necesidades.

En mi momento de mayor debilidad, me enfrento a la oportunidad divina de que Dios me demuestre lo asombroso que es su poder en mí.

Sé que esto es verdad.

Acepto que esto es verdad.

En este momento, exactamente en el lugar donde me encuentro, la experiencia y la expresión de la verdad que necesito conocer se están manifestando a la perfección.

¡Qué bendición! ¡Y así es!

Oración de entrega

Querido Dios:

Hoy, reconozco, acepto y admito que mi vida es una tarea de Dios, y te entrego mi vida.

Hoy, entrego el miedo, las dudas, la preocupación, la ansiedad y el control.

Hoy, reconozco, acepto y admito que no puedo reparar a ninguna persona o cosa.

Hoy, reconozco, acepto y admito que no puedo cambiar a ninguna persona o cosa.

Hoy, reconozco, acepto y admito que no puedo sanar a ninguna persona o cosa.

Hoy, reconozco, acepto y admito que no puedo ayudar a nadie.

Hoy, reconozco, acepto y admito que no puedo controlar a ninguna persona o cosa.

Hoy, reconozco, acepto y admito que no puedo repararme, cambiarme, sanarme o ayudarme a mí misma.

Yo soy una tarea de Dios. Mi vida es una tarea de Dios.

Hoy, por favor, querido Dios, trabaja en mí, a través de mí.
Encárgate de mi vida, mis relaciones, todos mis asuntos, todas las personas y todas las cosas en mi vida.

Hoy, por favor, querido Dios, haz tu voluntad perfecta conmigo, porque sé que lo que tú puedes ser para mí y por mí es, como mínimo, bueno.

Por esto estoy muy agradecida.

¡Y así es!

Te entrego mi vida.

Oración para sanar

Querido Dios:

Hoy, reclamo la sanación de cualquier cosa que se interponga entre tú, yo y el bienestar total en mi vida.

Hoy, reclamo el poder sanador, la presencia sanadora, la luz sanadora, el amor sanador de la amorosa Mente Universal como mi derecho divino.

Hoy, ¡reclamo la sanación en todos mis asuntos, mis vínculos y mis relaciones!

Reclamo la sanación en mi mente consciente y subconsciente.

¡Reclamo la sanación en todo mi ser!

¡Reclamo la sanación del pasado!

¡Reclamo la sanación para el futuro!

¡Reclamo la sanación para mi economía!

¡Reclamo la sanación para mis seres queridos!

Ahora, ¡afirmo que ningún mal se puede acercar a mí, a mi casa o a aquellas personas que están cerca de mi corazón y que son queridas!

Ahora, reconozco, acepto y aplaudo que yo sola no puedo hacer nada.

Ahora sé, ahora afirmo, ahora declaro que el poder sanador de la vida, de la luz y del amor está siendo irradiado sobre mí en este momento.

Todo está bien en mi mente, en mi cuerpo, en mi espíritu y en mi vida.

Por esto, estoy muy agradecida.

¡Y así es!

Oración para la paz

Hoy, tengo que quedarme quieta y dejar que Dios me ame.

El amor de Dios es mi fuerza.

El amor de Dios es mi protección.

El amor de Dios es mi luz en medio de cualquier oscuridad.

El amor de Dios es la satisfacción de toda hambre, de toda sed.

El amor de Dios es mi fuente y mi provisión.

El amor de Dios, siempre presente, es lo único que necesito, deseo o busco hoy.

Porque en la presencia del amor de Dios, todo está bien en mi vida y en mi alma.

Hoy, tengo que quedarme quieta y dejar que Dios me ame.

Mientras pronuncio estas palabras, mientras pienso estas palabras, ellas reciben la presencia del Espíritu Santo para convertirse en las circunstancias de este día en mi vida.

Que así sea. ¡Y así es!

El poder de la paz

Hoy, decreto que sólo hay un poder y una presencia operando en mi mente, mi cuerpo, mi vida y todos mis asuntos.

Decreto que la presencia y el poder de la paz me consumen.

Decretaré algo y ello será establecido en mí.

La melodía de la paz ahora canta en mi alma.

Ahora bailo la danza de la libertad serena.

Ahora irradio el amor y la paz de lo divino.

Ahora extraigo de cada experiencia lo más elevado y lo mejor.

Yo Soy confiada, estoy llena de paz y soy espiritualmente poderosa.

Hay un Lirio en el Valle y todo está bien en mi alma.

Ahora decreto que esto es así.

¡Y así es!

La melodía de la paz ahora canta en mi alma.

Oración para la paz mundial

Preciado Señor del Universo:

Hoy, *Yo estoy* deponiendo todas las armas de la ira y el ataque en mis pensamientos, mis palabras y mis actos.

Hoy, *Yo estoy* deponiendo los agravios y los disgustos que me han llevado a atacar a otras personas y a agredirme brutalmente a mí misma.

Hoy, *Yo estoy* deponiendo todos los pensamientos de críticas y juicios, todas las palabras de actitudes defensivas destructivas y todos los actos de venganza viciosa y violencia contra mí misma y contra todos los demás.

Hoy, te pido que me limpies de todo pensamiento y palabra agresivos, para que pueda dar los pasos necesarios para ser pacífica en mi propio corazón y ofrecer esa paz al mundo.

Hoy, te pido que me recuerdes lo importante que *Yo soy* para garantizar la presencia activa de la paz.

Hoy, *Yo estoy* abriendo mi corazón y enviando la luz del amor a todos los líderes del mundo.

Hoy, *Yo estoy* abriendo mi mente a la creación y la experiencia de un mundo en el que la agresividad y la violencia permanezcan dormidas para siempre.

Hoy, *Yo estoy* abriendo los ojos para ser consciente de todo lo que puedo hacer o decir para promover la presencia de la paz.

Hoy, me doy cuenta de que la paz empieza conmigo.

Hoy, me entrego humildemente, y entrego cada pensamiento que pienso, cada palabra que pronuncio, todo lo que hago, para la creación, el mantenimiento y el avance de la paz.

Hoy, pido paz, invito a entrar a la paz y me dedico a fomentar la paz en todas mis experiencias.

¡Que la luz de la paz reine en mí!

Que la presencia de la paz reine en el mundo.

¡Que el poder de la paz irradie a través de mí!

¡Que la paz se extienda por el mundo!

¡Que así sea!

Oración de celebración

Éste es el día en que el Señor ha dicho: «¡Regocijaos!». ¡Me regocijaré y me alegraré por este día!

¿Estoy disfrutando de este día? ¿He dado las gracias por este día? ¿No es maravilloso que cuando el Creador tiene un plan para mí, y por el motivo que fuere, yo no estoy en el camino, ocurren situaciones en mi vida que me colocan en el camino?

¡La vida trata sobre la *experiencia* de vivir! Por esto estoy muy agradecida.

¡Sé que dondequiera que esté hoy seré dichosa! Ésta es una oportunidad divina para despertar a un poco más de mi divinidad. Éste es un día perfecto para celebrarme a mí misma y para celebrar la presencia de la divinidad dentro de mí. Éste es el único día que tengo para hacer aquello que me da alegría.

No soy la misma persona que era ayer, de manera que si simplemente alejo la mirada de los desafíos de ayer, ¡es posible que Dios haga algo un poco distinto por mí hoy!

¡Éste es el día que Dios ha creado sólo para que yo camine un poco más cerca de Él! ¡Éste es el día que Dios ha creado sólo para mostrarme lo que su presencia hará por mí si simplemente no me interpongo en su camino!

Creo que saldré y haré algo bueno por mí en este día. ¡Algo divertido! Por ello, Dios me aplaudirá. Dios honrará mis deseos. Dios me apoyará. Dios me amará, y yo seré capaz de sentirlo. Lo único que se requiere de mí es que esté agradecida.

¡Que así sea!

¡Y así es!

¡Debo regocijarme y ser feliz por este día!

ENDORSEMENTS

"Heartwarming and inspirational."
—Jamie Raab, Publisher, *A Walk to Remember*

"Dear Little One will travel throughout a bookstore:
the Gifts section, Inspirational section,
Parenting section, and the Bestseller section."
—Marilis Hornidge, award-winning
author, *That Yankee Cat*

"Timeless…the stuff that needs to be said.
Has the quality of Anne Morrow Lindbergh's
Gift From The Sea."
—Carol Howe, Maine columnist, Courier-Gazette

"Dear Little One cuts through the difficulty of
parenthood, straight to the joy, and provides a
compass to kids and adults, even adults who do not
have children. It speaks to us all."
—Mary Ruoff, journalist and freelance writer

Dear Little One

Dear Little One

Thoughts to My Child in an Uncertain World

C A R O L E   H A L L U N D B A E K

A Crossroad Book

The Crossroad Publishing Company

New York

The Crossroad Publishing Company
16 Penn Plaza, 481 Eighth Avenue
New York, NY 10001

Printed in the United States of America.

The text of this book is typeset in Cochin
The display face is in Chanson D'Amour and Copperplate29bc

Cataloging-in-Publication Data is available
from the Library of Congress
ISBN 0-8245-2312-1

1 2 3 4 5 6 7 8 9 10   10 09 08 07 06 05

To My Little Ones —

Emma, whose light first inspired this book
And Hanna, whose joy helped me finish it

And for all the children of the world
Grown-up and small

TABLE OF CONTENTS

FOREWORD

The most poignant words imaginable are:
I wish I had asked ...

I wish I had told ...
I wish I had known.
The rest of the sentence usually continues
but I didn't know how to start.

Start with this book.
Read it to your inner ear.
Read it to small ears.
Read it to dimming ears.
After that, you will know where the
starting places are.

Marilis Hornidge

WELCOME TO THE WORLD

DEAR LITTLE ONE,

Y ou enter the world, with all the stars in your eyes ... You are the embodiment of joy, and the surest sign of God's love.

We could fall through the dark veil of your brand-new eyes, so deeply do they reflect the depth and mystery of the universe. Only infants have this look, the tiny-ancient-wise-man expression; the little-old-lady folds of skin; the profoundly peaceful sleep of one still so closely knit to Origin and Source.

You know a reality of our existence that we have forgotten. You, beautiful baby, remind us. Once you become caught up in your humanity you too may forget—but for now you are in that wonderful in-between place, here and not here, smiling in your talks with angels while you sleep, knowing truths you can only express through loving gazes, crooked smiles, and plaintive cries.

I watch you. I am your Watcher. And you are my child—wanted, beloved, and eternal.

Ｗe brought you into the world because we wanted to, because you were always with us somehow, even unseen. We asked God for our dream of you to become real. And I gave birth to you. But you too gave birth, to the mother in me — a woman I did not know was there and had never met. Even now, little one, you heal me as I feed you. Even now, you give back.

Your father and I will love you the very best we can.

We will do our best to listen to you, to pay attention and be kind and respectful, to bring out the best in you while keeping you on a good path — your path.

We realize that there is no such thing as a perfect parent. Please forgive us our errors, for they will be made.

But we will be good parents.

Who will you be?

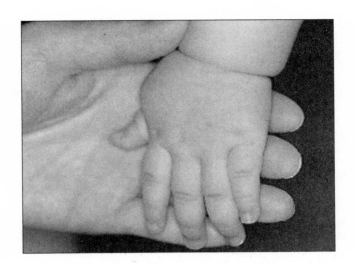

It is so good to see you eating warm food. For so long it was body temperature (mine) or room temperature (baby food) or freshly cooked and blown upon until room temperature. Now you can eat your eggs warm, your mashed potatoes warm. You look at me with grateful eyes and a wave of love. "Mmm," you say with approval.

"Mmm," you say as you settle your little body into the tub. You have learned to appreciate the sensual pleasure of a warm bath on a cold day.

You are always busy in the bath, with your toys and bubbles, but today you engage the water—letting your small hands wander through its warmth, pouring it over yourself, sitting chest-deep in it for the first time. Feeling its comfort.

It is so human, so puppy, so gerbil to seek warmth, to cuddle up to kin, to seek the underbelly that comforts like the summer sun without the glare. Warmth. Sometimes I think I would die and be born again on this Earth just to hold a warm cup of coffee in my cold hands on a gray January morning . . .

There are times when you become so frustrated, when you want to do what the bigger kids do—and you cannot. Your mind knows how to do so many things; yet your body is not quite ready. Your motor skills are just a heartbeat behind your agile mind. And you cry.

Enjoy right where you are in life. Remember, you're exactly where—and when—you're supposed to be. There will always be bigger and smaller kids. There will be those who appear swifter, smarter, and further ahead. And there are those who will appear to move more slowly than you, those whom you perceive to lag behind. These are some of the illusions of this world. The truth is— beauty, wisdom, and mastery reside in all of us at any given time—including you, child, even in trying moments.

Know this: When you are able to live, learn, and love from right where you are, you will be liberated to experience real joy. Then your joy will enable you to fulfill a higher human function—to

be a loving bridge between all these bigger and
smaller kids, just by being your true self.

Happy Birthday," you suddenly grin to me, as you do on so many days throughout the year. Your little hands are hidden behind your back, tightly clutching today's surprise.

"What is it?" I ask.

One slender arm comes forward and a little fist opens up like a small flower. It holds a small white marble in a soda bottle cap.

"It's the moon."

Every day, a miracle.

Everything, a wonder.

I thank you for giving me the moon.

And for all your imagination.

And for the way you see things without limitation.

And for sensing the interconnectedness of all things.

And for enjoying their usefulness.

And for finding gifts everywhere.

THE BUDDY SYSTEM

We step aside on the sidewalk in the village to let the kindergarten class pass us, two by two. The Buddy System, I recall with a smile. The children stay connected without question, without hesitation, during their daily walk along Main Street. "Hold hands," their teacher calls. And they do, happily.

They do not know distance. They do not yet know separation from their peers. They do not question the type of person their partner is. Even the little boys hold hands and carry their schoolbags, some with big flowers on them, with no self-conscious regard. No burden. No judgment. No distance.

The buddy system is harder to maintain as we grow older. Later, we work for ourselves or our own family. It can become difficult to remember that the other person, the stranger, remains our friend. Yet ... The Buddy System works. Decade after decade.

There's the windmill!" you announce from the back seat, as we arrive closer to our road.

"And what does that mean?" I ask, in our daily exchange.

"It means we're home," you reply, with confidence and comfort.

I look at the windmill on the hill, turning gently in the soft breeze, and I start the turn signal.

You know where you are, little one. You know the signposts pointing the way to the place where you are comfortable and comforted; where you eat and where you rest; where you play in joy and safety; and where you grow.

Continue to know the signs of home. It won't always be a physical place, although that will come, too. Home can be a relationship, a family, a field of study, or your work. Keep these signposts in mind, and you will always be able to see whether you are in the right place, whether you are home.

MARKINGS

Dear Little One,

You have paved in me a road of remembrances

Of rocks you named on the way home

Of trees and shops and houses

We had to visit each day

When you were two and three

Along our journey.

Now you don't recall the urgency of

The Pink Church

Or the Brown House

Or the statue of the poet by the bay.

Your eyes do not seek them anymore;

They have moved on.

But these will remain magical totems

And sacred signposts in my sight

And in my heart

All the rest of my days.

THE EARLY YEARS

To Parents: The Magic Bubble

I am in a magic bubble. My family is sleeping late, and I am experiencing morning as I have not enjoyed it in months.

Prayer. A long bath with a good book. Time to bake bread.

Time to consider our peace lily, blooming for Easter. Time.

It is as though the universe has opened up to remind me of sunshine, and silence, and gentle breezes wafting through the kitchen window— breezes lifting the white cotton curtains and carrying the sweet scents of returning spring.

I thank God for the blessing of this magic bubble, this oasis removed from my usual workday morning. I know the bubble will pop soon and return me to my boisterous surroundings, awakening toddler, and clamors for breakfast. Yet I recall, with some humor, how I once lived in this bubble...alone. Thank you, God, for the gift of bubbles—and the gift of popping them.

After all, a rule of magic is that it must be short-lived.

We stroll through the second-hand bookstore that you love to visit, now that you have discovered the wonder of books. You walk with determination to the toddler chair that awaits you at the children's section. Someone has painted a simple wooden chair blue with gold stars, and you approach it as your own secret throne.

We come across a delightful children's book. It is a story about an old tree, how it dies, and how it lives on by becoming a hollow home to rabbits and squirrels and other forest creatures. It is dedicated "To Nate by Grandpa" with a recent date. And here it is, given away so soon. I wonder if whatever that man wished to convey to his grandchild was also cast off somehow.

I hope you keep your books, little one. Some belonged to your Daddy, and some to me. Some were bought along our journey,

when we were children, students, and friends.
Some were gifts to you from godparents. Your
books tell a story—our story—and illustrate
some of our wishes for your heart and mind.
Add your own inspirations and pass them on
to your children one day.

W"hy?" you ask, about everything from daisies to egg salad.

"Why does your suitcase have two zippers meeting in the middle?"

"Why does your rain coat have to be dry cleaned?"

"Why doesn't an island dissolve?"

Why? Why? Why?

You penetrate with your question. I answer the best I can. And sometimes, at the end of our litany of Why's, I enjoy admitting that I simply do not know. You are satisfied either way.

I love your perceptions of the world we share. A holy man said that in order to enter into the kingdom of God we must become like little children.

Little children ask why.

Remember to enjoy the holidays, however you choose to spend them. Whether at home or abroad, resting with family or traveling among strangers, keep the holidays full of meaning.

Keep love in your heart and joy for those around you. Rejoice in their humanity, remembering the precious gift we all are to each other. Rejoice in their spirit, as we are all children born from love. See the glow of the candles, the starshine, and the light that illumines every heart — and you will perceive how the experience of holidays is actually much larger than the day, the gifts, or the feast.

Remember too that you are a child of your parents only in part. The larger part of you is a child of God, to whom you truly belong. You are a child of the universe. Nurture the joy and the magic that you are. Delve into the mystery, into the shining glow of the holidays ... and into you.

You Are Never Alone

As a child, you come to your Mom for comfort. You go to your Dad for protection. You seek us both for learning. Later, there may come a day when you face a problem, a conflict or a crossroads in your life.

You may share your experience with a sibling or friend. You may share your troubles with your Mom and Dad; as long as we are on this earth, we will always be here for you. The important thing is to remember that you are never alone.

We always want to keep communication open and flowing, having the courage to hear your pains and fears with compassion, safety, and dignity. Whatever troubles your heart, no matter how big or small, please know that sharing it will always help lighten your burden and quench your fears.

Try to talk about whatever troubles you, with confidence that no matter what the problem, you will always have love, a family and your home. You are never alone. We go through this life together.

FRIENDS

Companions. Teachers. Laugh riots. Mirrors. Launching pads. The salt of life.

I have likened my friends to a constellation, rich with fixed stars. Whether or not they have ever met each other, they move together with me through life. Some are old red giants! Some are newer blue novae. A few I have known for more than half my life, and they grow more remarkable to me with the passing of time.

Over the years, as life evolves into more definitive chapters, embracing marriage, children, or a move to another place, you may watch your circle of friends change or become smaller. You will come to love new people wherever you go. But sometimes friendships will fade. I won't be able to prevent these disappointments in your life, but I will be there for you.

One of the great pleasures of life is to work through a problem with a friend and grow stronger. It is easy, at a time of conflict, to shrink

in fear, shame, or anger. It is a motion of grace to remain open to a new conversation. Do not close your heart. Everyone is on a journey of self-discovery ... like you.

ON FEAR

I did not know fear. When I was a child and teen, this world was my natural home, the universe my stomping ground. I dreamed without limits, and my dreams caught fire. As a young adult, I thought I could do anything—and I usually did. I was something nearly or seemingly indestructible. No fear. Perhaps a touch of stupidity ... But no fear.

I first began to know fear much later, when I fell in love and got close to the person I would share my life with—that is, when I had something to lose. A life built together. A home. Our dreams. And the little ones who would join us.

Suddenly the fluid, whimsical nature of the universe that I loved for so long became, in my mind, precarious. Random. For some time I feared the Random—it is just so easy to emerge from the web of life and be absorbed back into it, through circumstances beyond our control.

But love is strength. After some years I learned to live in love, to trust with the faith of a grown-up that life is merciful, that we are eternally safe, and that no matter what scars might befall our hearts, all would be well. Nothing is lost in this universe.

So live. When you experience fear, feel it, respect it, and then try to move beyond to do what you can, when you can, to keep those dreams burning.

Follow your dreams. Trust in God and the universe. Trust yourself. Make a journey for your soul. And don't wait for every detail to be nailed down. Meet your miracles halfway.

HOPE

God bless the florists
Who store up hearty blooms
During winter's icy sheath

They remind us
That life continues
To thrive and grow in the world
If not immediately before us

And that our colors will return once more

A C O M P A S S F O R T H E J O U R N E Y

I don't want my children to listen to fairy tales," I've heard parents say. "I don't want my daughter to think that she's a helpless girl who needs to be rescued by a man." Perhaps that is what fairy tales appear to convey. But if we look deeper into these stories, we see that Cinderella is not a lost soul with problems — and Prince Charming is not merely a man who frees her from her oppressive life.

From a spiritual perspective, Cinderella is all of us, male and female. Through no fault of her own, she is an overworked human being, trapped in her circumstances with never enough time, never enough money, and no end in sight. Who cannot relate to her? Many characters in fairy tales, including the films we love so much, find themselves caught under spells brought on by others people's greed, envy, ambitions, unkind family members, and more. But God is there.

Cinderella is not transformed by marrying a prince; she, like us, is restored to her true nature. This happens through her faith and kiss of True Love—the love of God.

Death and resurrection play major roles in fairy tales. Sleeping Beauty is seemingly dead, as is Snow White. These two are again raised up by the True Love that seeks them out, as God seeks us. In the original story, The Little Mermaid dies in an act of self-sacrifice, and she too resurrects as a kind of angel because of her courage and love.

This theme of death and resurrection is not reserved for women. Beauty and the Beast is a dazzling example of a man whose inner life has gone horribly astray, imprisoning him, and those around him, in a powerful, worldly spell.

This story touches many hearts. Who hasn't known a man caught in the trappings of ambition, or an addiction, or the illusions of this world, defining himself by his job title or bank account balance? Or a person made a lonely beast because of pride or lack of reconciliation in his life?

Through Belle's unfailing love, a love that penetrates to the heart and soul, the Beast is restored — radiant, resplendent — and when the Prince is healed, the Kingdom is revealed.

See how God works to make all things new.

LOVE

Of the many spiritual and transforming experiences I have encountered in life, parenthood is by far the most startling.

It is an all-encompassing blessing, change, and demand. Parenthood has opened my eyes and heart to the deepest kind of love. It has brought me to experience both the heavenly heights of joy and the darkest depths of fear.

Little one, the love I feel for you is so very powerful. It is eternal and at times overwhelming. If I love you so strongly, imagine how much God loves you. It is unfathomable.

A true and lasting love will call for sacrifice — there is no way around it. But it is surrender to a new and greater self and life. To grow and to love well, we must yield to that new creation we are becoming, in faith.

We live in a universe created by, and for, love. If you can keep that perspective in mind and heart, you will be able to stay along the Good Path. And even if you should stray, you will remember and be brought back.

Most importantly, LOVE YOURSELF. Love yourself as God loves you—with an open sense of wonder, possibility, gratitude, safety, and peace.

Believe in yourself. Be kind to yourself. You are a precious person and deserve all the blessings a full life can muster.

Dear One, now you rely on us for every sustenance, and we take care of your little body in every way. But there will come a time when you will look after yourself. You are so important. We hope we have given you a good foundation for your life's self-care.

Your body is a wondrous thing — strong, flexible, resilient beyond understanding. Expressive, beautiful, giving, taking, it is the very stuff of life.

Honor your body, and that of others.

Respect your vulnerability as well as your strength.

Exult in movement — it is pure joy.

Experiment — but be careful with yourself.

Exercise — to nurture, not to injure.

Stretch your boundaries — but do not be unkind.

Delight in your senses — but know who you are.

You are a guardian of the power of creation.

S o often I find myself deeply moved by the daily experiences of marriage and the journey that they build. Your father and I love each other very much and have our common good at heart, a true covenantal relationship.

Our love for each other helps us get that much closer to God; as your Dad has said, my love for him helps him "to believe in the love of God." There is little better praise than that, little one. This is the kind of bond to look for when you are ready—arms to hold you, a mind to follow yours, and a heart to honor and love the journey you share.

Remember, marriage is not a necessity, it is a vocation. You need not feel pressured to marry because of expectations from your family or society. If you do marry, strive to unite as much as possible between you two—your goals, dreams, names, and resources. Attempting to cling to the singular entity you were may place a strain on your new life and the potential of your union. Marriage

is a priesthood shared by two—with all the joys, passions, challenges and mysteries two entwined lives can hold.

We make love for so many reasons. To enjoy another and our self. To relax. To play. To share a deeper intimacy. To celebrate a new job. To conceive our children. To comfort each other in time of sadness or loss. To minister to each other's needs.

Our sexuality is a gift that lets us share in the Creator's joy, pleasure, and strength. It plays a tremendous role in our daily life and spiritual growth. We relate to life and to each other through our bodies, our physical selves.

Like marriage, parenthood and career, sexuality is a path, a journey of growth. We tend not to think about it that way, especially in a culture that seeks to promote unending youth and encourages lack of physical change. But we certainly do change — physically, emotionally, and spiritually.

Nurture your sexuality. Encourage this fantastic part of yourself to evolve as the rest of your life does. Let the Incarnation remind you of God's love for humanity — and the body that comes with it.

Dudley Moore:

"I've always been rich and I've never been happy."

Liza Minnelli:

"I've always been poor, and I'm usually happy."

Geraldine Fitzgerald:

"Rubbish! I've always been rich, and I've always been happy."

—a frank exchange from the classic film Arthur

When we are young, our relationship with money is quite indirect, as our parents provide for our needs and desires. As we get older and become increasingly self-sufficient, we engage directly with money and learn its impact on our life. It is usually then that the question arises in us, about money in relationship to happiness—a question that is at its core one of spirituality.

Like anything in life—body, soul, love, sunlight, food—money is energy. It can be used to get by, to build, to bring together or, too often, to divide. The spiritual sticking point is not the actual currency, but our relationship with money: how we perceive it, seek it, hoard it, utilize it, or abuse it.

Our financial health—like our physical and emotional health—must be in line with our beliefs if we are to enjoy peace of mind. Financial health is not only about prosperity and security. Ultimately, it is about right relationships, maturity, and honesty.

For example, avoid debt. Over time, debt can trap a person in a cycle of frustration and shame, cutting into self-esteem so that a person's eyes are taken off the true prizes of life—supporting family, realizing aspirations, and giving charitably.

Remember that money is a tool in this world. Even though a powerful one, it does not in itself bring happiness or fulfillment or peace. That will come from the choices you make in life, the fruit of your experiences, and the lessons you are able to learn.

The mark of success is in your learning.

That will make you rich.

THE IRRITANT

Try not to be dismayed by the people, places, or things that go against your grain; the parts of life that irritate; the thorn in the side.

The things that get under our skin often have a gift for us.

See the oyster. Sand gets into its shell and irritates it. In response, the oyster secretes a fluid that eventually forms ... a pearl.

The Irritant is an important player in our interactions with life, and on the journey to becoming our truest selves. Do not turn a blind eye, deny its power, or wish it away.

Find your way to recognize the Irritant. Engage it with your own brand of humor, and find the pearl meant for you.

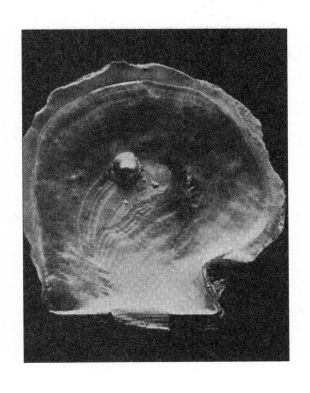

Cherish the moments of peace and clarity when they come.

There may be times in life when they are difficult to hold onto and impossible to recreate. But they are moments of grace.

They will nurture you.

If you practice grateful awareness of these moments, and remember them, you will begin to weave them together into a rich and colorful tapestry of meaning in your life.

Find a spiritual discipline that will allow you to practice awareness, to practice peace, deep within yourself. Meditation, yoga, church, a prayer journal, whatever helps you to connect to a communion. Do your practice every day and feel the light grow within your core and expand to the world around you, like ripples across a lake caused by the plummet of a single stone.

This is perhaps the greatest work (and play) we can do, for ourselves and for those around us.

THE TWILIGHT YEARS

To Parents: On Beauty

My daughter was born with a full head of hair, thick, spiky, and streaked like a swimmer's. Then, like a mysterious little bird molting, her hair fell out when she was about two months old. Soon her new growth began to come in — beautiful baby hair, all colors of blond, golden, reddish, brownish...Lovely.

I could see God's hand on her, the author of her perfect, tiny self, the master craftsman of a unique creation, from her angelic head to her pink toes curled like baby shrimp. I could not, and still cannot, imagine changing a thing about her.

Yet in my life I had been tempted to change so many things about myself: my hair color, my eye color, even my features. Perhaps, after so many years of television commercials and magazine advertisements, I had forgotten that the same masterful hand of God was upon me.

My baby's eyes, like mine, made their journey from blue to green at a year old. When she went

through this change, I gazed at her with smiles and
wonder. Her eyes are green — not emerald green, or
sea green, or evergreen, just green. And perfect.
Awakened, I know again what true beauty is.

ART

I wish you…

Van Gogh stars

Bocelli bars

The David's arms

And Keillor's yarns

I wish you…

A dewy respite in Constable's fields

The vital sword that Shakespeare wields

I wish you Hepburn and Hopkins and Fred Astaire

Sidney Poitier, The Church at Auvers

On Golden Pond's haunting loon

Brother Sun, Sister Moon

Tender Mercies, the Starry Night

Tchaikovsky and Pre-Raphaelites

Keats' odes, Wings of Desire

Angelou, Yeats, The Unforgettable Fire

Bing, Sammy, and Frank's abode

And joy

On your Long and Winding Road

Life is so very precious and can change in the blink of an eye. There is no certainty. We walk the world in sure strides, confident of our environment and the ground beneath our feet, unaware of the true nature of concrete and shoes and earth. Their sub-atomic dance tells another story, one of impermanence, of tendencies to exist and not to exist, of waves of probability—of chance. Our presence on this little planet, in our particular time and place, is a real miracle.

Cherish the people around you—family, friends, co-workers—for each life is a gift. And each life must come to an end. We may not know when or where or in what manner; but we know that each heart is made to pound out only a certain number of beats.

Whatever happens in the world, keep doing the things you love to do, the things you are called to do. Through even our smallest dreams, we let God's kingdom shine through.

An old woman rises to exit the café, looks at us on her way out, and smiles a beautiful, wrinkled smile — the kind of smile that breaks her entire face into the lines of her life, the worn pathways of her experience. It is a smile of peace.

She walks gently across the wooden floor with the air of someone who knows she is, and always has been, embraced through life by a loving, constant force, as though she has an angel on each arm. Perhaps she has.

This is what I wish for you, in your twilight years, and in mine: the remembrance that even when we are sole, we are not alone; the embodiment of faith that babies have — not merely the belief, but the calm and peaceful indwelling of incarnate love.

One day, dear one, you will awaken to our common mortality and realize that even your days on this earth, and mine, will come to an end. This may make you sad, as it did when I realized this as a small child. But do not fear, and do not be sad, for this is the right and natural way of all earthly life.

There is great power in the transition of death, as there is in birth. For any new life to begin, a former life must yield. You will find this to be true as you grow through your own changes into adolescence, adulthood, career, marriage, parenthood—wherever life may take you. Allow yourself to change and to be recreated again and again.

Our nature is death and resurrection—transcendence and rebirth—mirrored for us in every corner of creation, from the return of roses each spring, to the death of stars in the deeps of space,

creating new elements and exploding with the possibilities of life.

Remember, there is joy in all passages. Love never ends. Hope resides in the in-between place of endings and new beginnings.

HONOR

And in the end
Of whatever may be remembered of me
When all has been said and done
Know that my greatest honor in life
Was having you as my child.

GRATITUDE (A TODDLER'S PRAYER)

Thank you for the mama and the dada
Thank you for me
Thank you for my baby sister
Thank you for the dinner
Thank you for the friends and the teachers
Thank you for the beach and the wawa
Thank you for the garden
Thank you for Barbie and Clifford
Thank you for the scooter
Thank you for God
Thank you for the family
Thank you for life

DEAR LITTLE ONE,

We stroll through the village, hand in hand, and greet the sunshine, the flowers and the familiar faces. Today is the first day of autumn, my favorite season. It is crisp. Invigorating. Colorful. Each year the cool of autumn awakens me from the hazy slumber of summer, and my body feels the change of seasons, the exciting renewal of our planetary clock.

At the harbor, the sun sparkles on the water—bright white shiny explosions all over its surface. Like stars. Stars in the sky...stars on the sea. Nature does repeat her patterns through and through, in massive and miniature ways. How beautiful, this Earth.

Last night I felt the new baby kick for the first time, right in the middle of my belly. One twitch. Then another. And again. Immediately, I placed my hand on my stomach and looked up—up and left, up and right—searching beyond the bedroom ceiling in joy, beyond the house, and into the night sky.

A new journey begins. A new journey always begins.

ACKNOWLEDGMENTS

I thank my family for the journey that would become my life and this book, especially my mother and father, and my grandparents.

I thank my friends, those glowing stars in a broad constellation across my life, especially: Karen Colleen Burke; M. Bronwyn Long; Gail Coover; James Burns; Brian Sullivan; Lisa Ingrisano; and the memory of David Baker.

I am grateful for the presence, inspiration and life's work of: Barbara Mayer; Richard Bach; Rev. Clarence Jacobs; William B. Frasier, M.M.; Emery B. Howard Jr., M.D.; and my supportive colleagues at Maine Media Women.

I send thanks to my publisher, Gwendolin Herder, and to all the staff at Crossroad Publishing in New York.

And finally, to my dear husband Michael: Thank you for your love, your beauty, your courage and humor. In so many ways, you made this book possible.

ABOUT THE AUTHOR

Carole Hallundbaek is an award-winning writer, television producer and national news commentator on faith and spirituality. Published for over 20 years, her poetry, essays, newspaper columns and online explorations of the spiritual life have drawn a global audience. A native New Yorker, she is a graduate of New York University, Maryknoll School of Theology and Fordham University. In 2001, she founded Beyond Dialogue (www.beyond-dialogue.org) a retreat center for spiritual peace and education in Maine, where she now lives with her husband Michael and their children. She is currently writing her next book.

PHOTO CREDITS FOR DEAR LITTLE ONE

1. Carole Hallundbaek
2. Photos.com
3. Photos.com
4. Gwendolin Herder
5. PhotoDisc, Inc.
6. Clipart.com
7. Photos.com
8. PhotoDisc, Inc.
9. Carole Hallundbaek
10. Clipart.com
11. Carole Hallundbaek
12. Gwendolin Herder
13. PhotoDisc, Inc.
14. Photos.com
15. Carole Hallundbaek
16. CPC Photo
17. CPC Photo
18. Photos.com
19. Clipart.com
20. Clipart.com
21. Photos.com
22. PhotoDisc, Inc.
23. Clipart.com
24. Gwendolin Herder, Art by Maurizio Ceppi
25. PhotoDisc, Inc.
26. Photos.com
27. PhotoDisc, Inc.
28. Photos.com
29. Photos.com
30. Clipart.com

Madeleine Delbrel
The Little Monk
Wisdom from a Little Friend of Big Faith
Translated by Carol Macomber

An International Spiritual Bestseller — Translated now for the first time in the English language!

This enchanting little book shows the spiritual light in the all-too-human aspects of our lives. While making every effort to get along with his fellow humans and with God, The Little Monk approaches his rather ordinary life like a great adventure. His simple reflections, offered in short sentences with light line drawings, glow with the gracious equilibrium characteristic of all people of deep faith.

0-8245- 2310-5 $12.95 hardcover

Kim Dickson

Gifts from the Spirit

Reflections on the Letters and Diaries of Anne
Morrow Lindbergh

In Gifts from the Spirit, Dickson tells how her own
life has been transformed by Anne Morrow
Lindbergh's writings. From her days as a student
at Princeton Seminary where she first read
Lindbergh's classic, Gifts from the Sea, to the gift
from her husband several years ago of Lindbergh's
out of print diaries, Dickson has found herself grow-
ing alongside her spiritual mentor in surprising ways.

0-8245- 2010-6 $16.95 paperback

Henri Nouwen

Life of the Beloved

Spiritual Living in a Secular World

Over 200,000 copies in-print!

When Nouwen was asked by a secular Jewish friend to explain his faith in simple language, he responded with *Life of the Beloved*, which shows that all people, believers and nonbelievers, are beloved by God unconditionally. Now with reflection guide.

"Nouwen's prose is refreshingly straight-forward and jargon-free ... For those unfamiliar with his work, this latest volume is a wonderful place to begin. For other who have benefited from Nouwen's insights, *Life of the Beloved* will be welcomed as yet another significant achievement.

— *Circuit Rider*

0-8245-1986-8 $14.95 paperback

Please support your local bookstore, or call
1-800-707-0670 for Customer Service.

For a free catalog, write us at:
THE CROSSROAD PUBLISHING COMPANY
16 PENN PLAZA, SUITE 1550
NEW YORK, NY 10001

Visit our website at
www.cpcbooks.com
All prices subject to change.